だから政治家になった。

矛盾だらけの世の中で正論を叫ぶ

中谷一馬

GENTOSHA

はじめに

皆様は、「貧困ヤンキー」という言葉をご存知ですか？

多くの方は、あまり馴染みがないと思いますが、これは貧困が原因で既存のレールから外れてしまった若者たちを指す言葉です。

親の貧困が原因で道を逸れ、教育を十分に受けられず、低学力・低学歴になった結果、就労状況が不安定になり、生きていくためのお金を稼ぐことが困難となります。

そして生きていけないからこそ、現状に反発します。行きすぎた反発が犯罪などに繋がり、社会の基本的なレールから排除されます。そんな負の連鎖が繰り返された末、格差が固定化し、その子どもたちが大人になったときに、また経済的貧困に陥るという世代間連鎖は、大きな社会問題の一つであると捉えられています。

結果として人種差別のように何かを排除する論理で政策を前に進めてしまったり、こうした問題に無関心で放置してしまったりすると不満がどこかで必ず爆発します。

実は僕も、恥ずかしながらそうした「貧困ヤンキー」の一人でした。

幼いころは、「貧困」と「暴力」に耐える生活を送っていました。

11歳のときに両親が離婚。僕は2人の妹と共に母と暮らすようになりました。母は朝から晩まで働きに出ましたが、この国のひとり親家庭のお母さんたちは働いても働いてもワーキングプア（働いているのに報われない低所得者）になる傾向が強く、ウチも例外なく貧しさは厳しくなるばかりでした。

僕自身も家計を助けるために中卒で働き始めましたが、なかなかうまくいかず、道を逸れ、挫折をした時期もありました。将来に夢を持てず、同じような環境で悩んでいたヤンチャな仲間と集まるようになりました。しばらくは「その日が良ければそれでいい」という刹那的な生活を続けていましたが、あるとき、そんな自分がなんだかカッコ悪いと思うようになりました。

男に生まれたからには、常にカッコよく生きたい。

その気持ちは人一倍強く持っていました。

そして、一念発起して、通信制の高校、専門学校、大学に進学し、政治家を目指しました。

その経緯は本書で詳しく紹介しますが、結果的に27歳で県政史上最年少の神奈川県議会議員になることができました。

親が議員だったとか、強力なバックアップがあったとか、コネのようなものがあったわけではありませんでしたので、今振り返っても奇跡的だったと思います。

ただ、僕が政治家になってわかったのは、日本の寂しい現状でした。

皆様は現在の日本の状況をなんとなくでもご存知でしょうか？

これからの日本は、右肩上がりの経済成長を終えて、今後は著しい高齢化に加えて人口も大きく減少していく見込みです。よって高度成長期に形成された現状の社会システムは、これ以上踏襲できない状況にあります。

日本の債務残高、つまり借金は、ＯＥＣＤによると２０１６年は対ＧＤＰ比で２３２％を超え、地方債を合わせると約１０００兆円の膨大な金額となります。これを国民１人当たりに換算すると約８００万円となります。この借金は将来世代へ先送りされています。

そして、2014年に開催された財務大臣の諮問機関、財政制度等審議会の発表では、約40年後の2060年、僕は77歳になっている年ですが、そのときの債務残高は今の約8倍、約8157兆円となる試算を示しました。しかも総務省の統計では、人口が2060年には約4000万人減り、約8674万人になることが予測されていることから、国民1人当たりの債務残高は約9404万円となり、約10倍の1億円に近くなります。

これは、もちろんこのままいけばという予測に過ぎませんが、こんなことが現に試算されるほど日本の財政状況は危うくなっています。

そしてこの数値は、計算上成り立っているだけで、現実になったとしたら社会システムとしては、完全に破綻しています。

このままいくと子どもが減って、おじいちゃん・おばあちゃんが増えるという予測は、以前からされていました。ですので、それに対応した少子高齢化対策を行っていかなければならなかったのですが、未来を創るための政策をしっかりと行わず、自転車操業的なその場しのぎの政策しか行ってこなかったため、高齢者を支える若者との人口バランスが悪くなってしまいました。

それでもなんとか国民みんなでご飯を食べていかなければならないため、とりあえず将来世代を担保に入れて、たくさん借金をしながら、なんとかご飯を食べているのが現状です。

このような状況を鑑みて、将来世代にかかる負担を少しでも軽くするには、しっかりと対策を行う必要があります。財政の健全化については、もはや先送りできない急務となっています。徹底的にムダを省き、歳入と歳出のバランスを図る、未来に向けたトータルデザイン・次世代モデルの構築がどうしても必要です。

また、世代間の不公平感は解消されねばなりません。自分たちの子どもや孫に巨大なツケが回るとなれば、それは他人事ではないでしょう。限られたパイを、どう分け合っていくのか？　同時に、将来の成長戦略をどう描くのか？　そんな観点が必要です。

今の日本の問題点を端的に言えば、長期的な目線での政策を実践できていないということです。

例えば想像してみてください。父・母・祖父・祖母・子ども（若者）の5人家族でケーキを分けるとき、次の選択肢の中でみんなが幸せになれるのはどれでしょうか？

1　みんなで均等に分け、父・母で料金を支払う。
2　みんなで均等に分け、子ども（若者）が料金を支払う。
3　祖父・祖母＞父・母＞子ども（若者）の大きさで分け、祖父・祖母が料金を多く支払う。
4　祖父・祖母＞父・母＞子ども（若者）の大きさで分け、子どもが料金を多く支払う。

答えはさまざまでしょうが、政治の世界では、4があたりまえに行われています。当然ですが、このままでは将来、若者世代が支払う金額は莫大なものになってしまいます。

限られたパイを公平かつ成長を見据えた持続可能な形で配分するための「知恵」が求められているにもかかわらず、提案されるのは、残念ながら場当たり的かつ近視眼的な政策ばかりです。

そんな状況を作り出したのは政治家です。しかし、その政治家を選んだのは、僕たち国民一人ひとりです。僕たち国民は、この政治を野放しにしてきた自分たちにも責任があるんだということを自覚しなければなりません。

そして哀しい話ですが、国民が選択した政治が生んだこれまでのツケは、やはり国民が払わなければなりません。

僕は、こうした政治を目の当たりにして、誰かがどうにかしてくれる時代は終わったのだと痛感しました。政治を人に任せても何も動いていかない。だからこそ僕は、自分自身が手を動かし、足を運ぶことで今の政治を変えていこうという気概を持って政界への挑戦を決意したのです。

僕が最も理想だと考えているのは、

「全ての生きる人にとって、『平和』と『豊かさ』がいつもいつまでも享受できる持続可能な社会」です。

そして今の日本に必要なのは、頑張ったら頑張った分だけ、「明日はもっと良くできる」と国民一人ひとりが実感できる未来への展望を打ち出すことです。

持続可能な社会を作るには、多様な生産者が必要です。

そのために、出産・育児に係わるあらゆる負担・環境を改善し、働くお父さん・お母さんにとって子どもを産み育てやすい社会・環境を作ります。

そして、若者や子どもたちは、日本の将来を担う宝物であり、実は一番の「成長分野」です。教育の機会均等化、無償化をゴールとした負担軽減はもとより、子育て、教育については、社会全体で引き受けるべきだと思います。

さらに、高齢者の方々にも就業の機会を増やし、その経験・知恵を役立ててもらいます。それらの受け皿として、成長産業や高付加価値産業を支援し、育成していきましょう。自治体といえども、今後はよりクリエイティブに歳入増を目指し、地域の活性化を図らなければなりません。

そのために社会の効率化、透明化を図り、再びダイナミズムを取り戻すべく、エネルギーや人的資源、お金を集中的に成長分野へ投資していきましょう。

第四次産業革命を牽引し、IoT、AI（人工知能）、ロボット、ビッグデータ、AR（拡張現実）、VR（仮想現実）、FinTech、ドローン、自動運転車など、利便性と生産性を高める先端技術の活用による社会のスマート化と新たな産業構造を支える人財の育成は、少子高齢人口減少社会における成長戦略のキーポイントになるでしょう。

また国民が政治にアクセスしやすいような環境を作ることが大事です。〝誰かにお任せの政治から、自分たちで創る政治〟を目指しましょう。

こうしたトータルデザインの実現に向けて、具体的な政策案は多々ありますが、僕は決して難しいことを言っているつもりはありません。

もっとシンプルに言えば、おじいちゃん・おばあちゃんの世代、僕たちの両親の世代と、それに続く僕たち、そして次代を担う子どもたち。どの世代にも生き生きと、健やかに暮らしていってもらいたい。

だからこそ、現実と時代に対応して、発想を転換しましょう。そういう提案なのです。

人も国も、地域も、それぞれに特性があり、世界に誇れる良さ、強さを持っています。

NIPPON。

KANAGAWA。

YOKOHAMA。

その特性を活かせないはずはありません。

本書では、これらの詳細を記載

目指すべき形

- 高齢世代の便益と若年世代の便益はトレードオフに直面している。
- しかし、財政・社会保障システムをゼロベースで構築することは不可能である。
- 「世代間対立」「世代のエゴのぶつけ合い」を克服して、持続可能な民主社会を構築する必要がある。

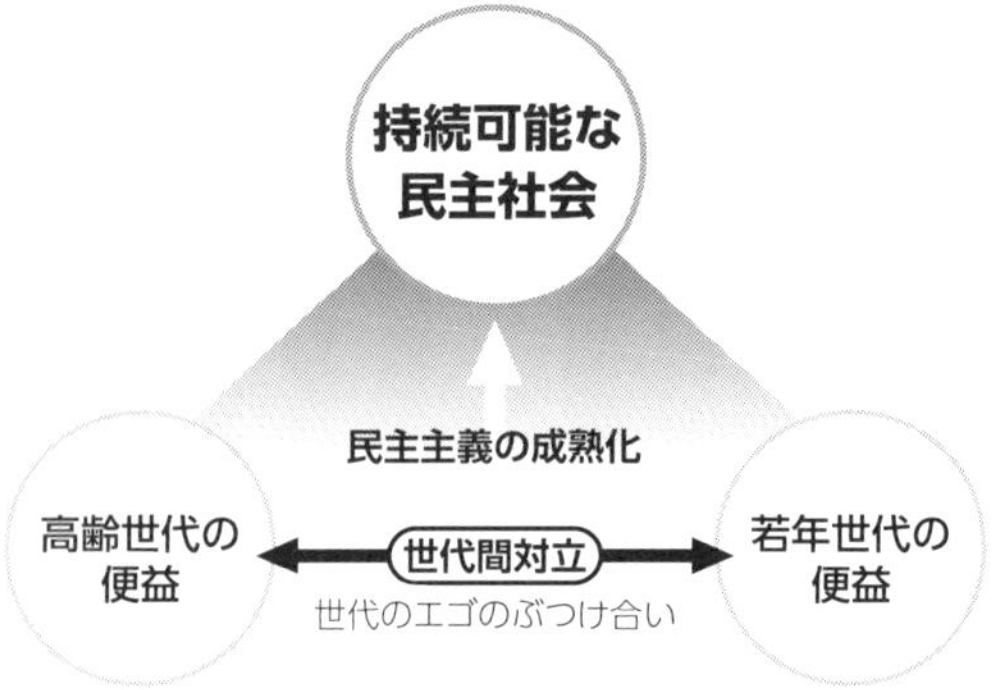

しています。そんな想いに最後までお付き合い頂ければ幸甚です。

また、ご高覧頂き、この想いを共有してくださる方は、是非僕たちと一緒に、一人ひとりの手でより良い未来を創っていきましょう。共に変えていきましょう。

本書を通じて、一人でも多くの人にそうした想いを持って頂き、何かを変えるための行動を起こすきっかけになれば、著者としてこれほどうれしいことはありません。

中谷一馬

こんにちは、中谷一馬です！
僕たちの未来を僕たちの手で創りましょう！
県政史上最年少議員を務めました
これまでは内閣総理大臣 菅直人 秘書
飲食店、IT企業も経営してました！
接骨院の先生の資格も持ってます！
柔道初段！

だから政治家になった。

矛盾だらけの世の中で正論を叫ぶ

目次

第1章

貧困ヤンキー、政治家を目指す

第2章

県政史上最年少の神奈川県議会議員が誕生

第3章 なぜ国政を目指すのか

第4章 日本を立て直す具体的な政策

⑤原発ゼロ社会の実現と平和・憲法を護る

装幀　小松 学（ZUGA）
図版・DTP　美創

第1章
貧困ヤンキー、政治家を目指す

両親が離婚、貧しい母子家庭で育った

「生きていくのに必死だった」

幼少期を振り返るとこの一言に尽きる、そんな生活を送っていました。

僕は、貧しい母子家庭で育ちました。11歳のときに両親が離婚したからです。

原因は、父の無鉄砲な生活行動や暴力だったと記憶しています。

当時3歳の僕が血まみれの母の前に両手を広げて立ちはだかり「もう止めてぇ！お母さんを叩かないで！」と泣き叫んでいる記憶はいまだに鮮明に脳裏に焼き付いています。

父の暴力からなんとか母を守りたい、幼いながらに、そんな気持ちでいっぱいでした。

父は外でも始終ケンカばかりしていました。家に帰れば夫婦ゲンカになって、母を怒鳴り、殴る。そんな日々が続きました。今となって振り返れば、父は愛情表現が下手で不器用な人だったのだと感じます。しかし、当時の幼い僕にとっては、これ以上

の恐怖を味わったことがないくらい怖い人でした。時折、見せる優しさに心から安堵することもありましたが。そんな父でも実の親ですから恨みはありません。ただ、彼がもっとしっかりしていれば、母や祖母の人生はもう少し楽になったと思います。

当時、朝から晩まで働いていた母の代わりに、家で僕たちを育ててくれたのは祖母でした。すでに他界しましたが、今でも心から感謝しています。僕も幼かったですし、2人の妹はまだ赤ん坊。祖母がご飯を作り、面倒を見てくれました。妹たちにミルクをあげたり、遊び相手になったり、僕も精一杯、手伝いをしました。

祖母と子ども3人の家族を養っていく母の苦労は並大抵ではありませんでした。昼はパートに出て、夜は夜で飲食業や水商売の勤めに出たりしていました。小さな居酒屋を営んだりしたこともあります。それでも貧しさから抜け出すことはできませんでした。そして無理をして働き詰めた結果、ある時期身体を壊し、寝込むようになりました。そのときには、生活保護を受給しなければならないほど生活は困窮しました。

当時、住んでいた長屋では、六畳一間に、祖母と母と僕、妹2人が川の字になって寝ていたことを思い出します。トイレはお決まりのボットン便所。ちゃんとご飯は食べていたけれど、同世代の友人のように、習い事をするなどという余裕はまるでない時期もありました。

多少のことには動じない胆力がついたのは、こうした幼少期の経験が基礎になっている気がします。今となって考えれば、このときの環境・境遇のおかげだったとプラスに捉えることもできますが、母はとても苦労したと思います。

住まいも転々としました。埼玉、東京、大阪、神奈川と移り、僕は2つの幼稚園、4つの小学校、2つの中学に通うことになりました。

「居酒屋は、結構うまくいっていたのよ……」

後に母が気丈に話してくれたことがあります。しかし、父との関係を含め、何かが安定していたはずはありません。だからこそ僕たちは、親族や母の友人を頼って、各地を転々とせねばならなかったのです。それくらいのことは、子どもの僕にもわかっていました。

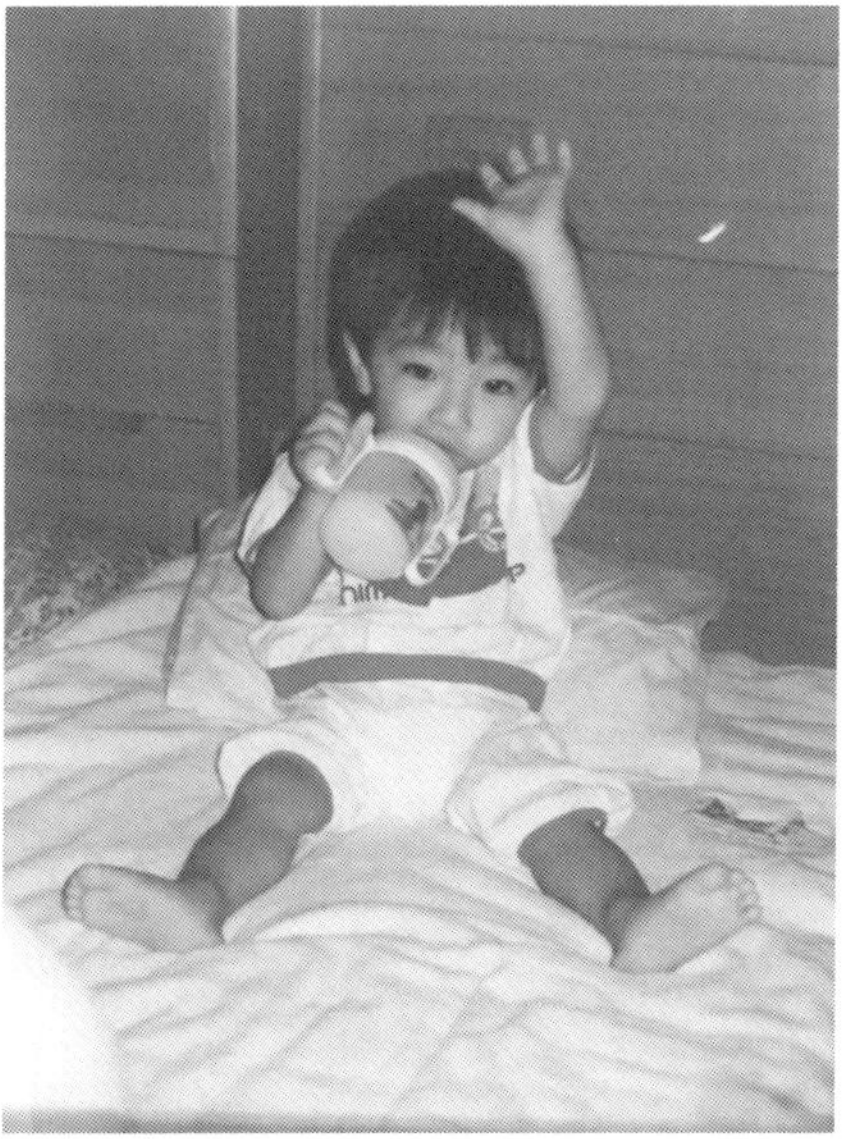

幼少期の中谷一馬

芸能プロダクション在籍時代の中谷一馬

僕の生い立ち
母子家庭で育った中谷は、日吉中学卒業後、母親に負担をかけないように、自らアルバイトで学費を稼ぎながら横浜平沼高校に進学、
少年時代は少し、ヤンチャでしたが…
その後、家庭を安定させるために手に職をつけようと呉竹鍼灸柔整専門学校にて資格を取得し、慶應義塾大学に進学した。
何もないところからやれば何でもできる夢は叶えられる！

大阪の小学校で激しい洗礼を受ける

人が新しい環境に飛び込むときには、少しばかりの緊張を強いられます。年齢は関係ありません。大人の社会でも子どもの社会でも同じです。むしろ、子どもの世界の方が、厳しいと言えるかもしれません。子どもはストレートな分、残酷でもあるのです。

僕は、転校をするたびにそんな試練を受けました。

中でも小学校5年で東京から大阪へ移ったときが一番キツかったと思います。大阪弁をしゃべらない異邦人である僕は、「東京弁めっちゃキモい」とからかわれ、すぐに村八分状態になりました。ジャイアンとスネ夫のようないじめっ子がいてその子との関係が良くなれば解決するものではなく、その郷土の文化に順応しなければ生きていけない、そんな環境でした。阪神タイガースや近鉄バファローズファンでないといという理由でいびられ、素っ裸にされた挙句、音楽室のカーテンで簀巻《すまき》にされて2階から投げ捨てられたこともありました。それでも誰からのフォローの声もかかりません。

からかいやいびりは日に日にエスカレートし、逃げ場はありません。通知表の評価でも明朗活発だけが取り柄だった僕から明るさは消え、学校から逃げ出したくなり、不登校気味になった、そんな時期もありました。

子ども社会の小さなコミュニティの中で、生死の危機を感じながら生き残っていかなければならなかった当時の環境は、結果として僕を強くしました。

幼いながらにみんなが自分に求めている役割やポジションも察知できるようになりました。それは小さな知恵であり、新たな環境に順応し、融和していくためのサバイバル術でした。

ポジティブに捉えるなら、転校を繰り返す中で、僕のコミュニケーション能力や環境適応能力、順応性が培われていったと思います。

また、「父の暴力」や「いじめ」などを経験する中で、「強くなりたい」という願望が日に日に高まってきました。大切な人を守るためにも、苦難を乗り越えるためにも力が必要。その現実を重く受け止め、中学生のときには、空手とテコンドーを少しかじり、柔道は、後に有段者となりました。

こうして、僕は厳しい大阪での生活をなんとか乗り越えました。

中卒で社会に出て、挫折の日々。ヤンチャに生きるしかなかった

大阪で手荒い洗礼を受けて、中2のとき、神奈川に戻ってきました。以前よりはだいぶたくましくなっていたと思います。少々荒っぽい大阪の土地柄と比べれば、周りの子どもたちもなんだか真面目そうで優しそうな人たちに見えました。そして大阪に行ったときとは正反対で、大阪弁を話しているだけなのに、おもしろそうな奴だとみんなが話しかけてくれました。

僕は、すんなりと周囲に溶け込めるようになっていました。

ただ、生活の方は一向に楽にはなっていません。このころから母が身体を壊し、働くことが困難な状況になっていました。

僕は、「母の代わりに自分が家族を支えていかなきゃいけない」と思い、中学生で

もできる仕事を探しました。
ない知恵を絞って見つけてきたのが、芸能プロダクションの仕事でした。お金をもらいながら、テレビに出られたらカッコいいだろうなぁと浅はかな気持ちで飛び込んだのがキッカケです。芸能プロダクションに在籍し、活動を始めてみると、少しずつですが仕事が来るようになり、ドラマやＣＭなどに出演すると一回数万円から数十万円のお金を頂くことができました。

「これなら自分は芸能界で食べていけるだろう」

そんな安易な考えも芽生え始めました。とんでもない〝勘違い〟です。

こうして僕は、通っていた中学にもろくに通わなくなり、歌やダンスの稽古に没頭するようになりました。そして、１９９９年当時95・８％の人が高校に進学する中で、僕は中学卒業後、高校へは進学せず、すぐに社会へ働きに出たのです。

しかし、当然のことながら挫折は早々にやってきました。

『はぐれ刑事純情派』に少年犯人役で出演させてもらい、刑事役の藤田まことさんに捕まったりしていたころのことです。小さな役でしたがようやく少しずつ仕事をもらえるようになり、ドラマのレギュラーが決まっていた、そんな大切な時期でした。ところが僕はヤンチャが過ぎ、地域の不良に絡まれて大ゲンカ。顔中がボコボコに腫れ上がってしまったのです。レギュラーの話はボツになりました。あたりまえです。社会のルールをまるでわきまえていませんでした。

その後も、挫折を繰り返しました。引越し業、ピザ店、ガソリンスタンド、コンビニの店員……さまざまなアルバイトをしましたが、長く続いたものはほとんどなく、どれもすぐに辞めたり、クビになったりしました。

今、考えると本当に甘ったれたクソガキだったと思います。そうした中で「自分は、社会で満足に食べていくこともできないのではないか?」「自分はまともに仕事なんてできないのではないか?」、そんな焦りや不安を抱えていたのも事実です。

ヤンチャ坊主集団のトップに立つ

仕事もうまくいかず、刹那的で無謀な日々を送っていたころ、似たような境遇にある奴らが周囲に集まり始めました。

当時、ヤンキー、チーマーと言われていた少年たちです。長瀬智也さんや窪塚洋介さんが出演していた『池袋ウエストゲートパーク』というドラマが流行っていたころのことです。

そのうちに集まった仲間でグループでも作ろうとなって、自然にチームを結成しました。といっても、何をするわけでもなく、なんとなくみんなが集まって、ゲームセンターに行って遊んで、朝帰る、そんな日々の繰り返しです。

それでも日に日に仲間が増えていき、100人を超えるグループが形成されました。

そして、いつしか僕はトップに祭り上げられました。仲間の〝輪〟の中心にいただけで、僕が一番凄いわけでも、ケンカが強かったわけでもありませんでした。ブームに乗ってグループのリーダーだった僕は何度か雑誌にも取り上げられて、全国的にも有名な存在となりました。それでまたみんなで盛り上がって、さらに人も増えました。今思えば、かなり冷や汗ものですが、僕は同世代のヤンチャ坊主の中ではちょっとした有名人になっていったのです。

ただ、誤解のないように一つだけはっきりさせておきたいのは、僕には不良であれヤンキーであれ、僕なりのヒーロー像がありました。それは自分なりの「正義」「美学」と言ってもいいものだと思っていますし、これは大変難しい言葉だと思っていますが、その「正義」「美学」から外れた行動をしたことは、ただの一度もありません。

イメージで言えば、漫画に出てくる悪役のカッコ悪い不良ではなく、礼節を重んじ、人を思いやり、弱きを守る。何人にも怯えず、何事にも立ち向かう。信念を曲げず、意思を貫く。そんな粋な生き様を歩む漫画の主人公のような不良を理想としていました。

事実、僕は警察のお世話になったことはありませんし、実は煙草を吸ったこともありません。そういう意味では、僕はちょっと変わった不良少年だったと言えるかもしれません。

カッコ悪い不良に見切りをつけて18歳で高校に復学

また、僕は不良なのに「平和主義」。争いは好みませんでした。自分からケンカを売ったことも、人に絡んだこともなく、争いはいつも絡まれて勃発しました。基本的に、人は、自分が有利な状況にあり、自分の方が強いと思っているから争いを仕掛けてきます。ケンカなどをしたくない僕は、どうすれば争わずに仲間や自分を守れるかということを考えました。

行き着いた結論が、「戦わずして勝つ」ということでした。

参考にしたのが、中国史を題材にした漫画に出てきたある言葉。孫子の「百戦百勝は、善の善なる者に非ざるなり。戦わずして人の兵を屈するは、善の善なる者なり」という兵法。百回戦って、百回勝利を収めたとしても、それは最善の策とは言えない。実際に戦わずに、敵を屈服させるのが最善の策だということ。この言葉にとても感銘を受け、実践しました。外見はできる限り、威圧感のある格好をし、集団で行動をしました。

そして中谷一馬は負けず嫌いだからケンカをすると勝つまで挑んでくるめんどくさい

奴だというイメージを作り、その風評も浸透していたと思います。結果として、ほとんど争いごとはなく、日々平穏に過ごすことができました。

ただ、外見だけはジャラジャラと煌《きら》びやかになっていっても、中身がカッコ悪い。「なんだかちょっと違う」。そう思い始めましたが、周囲にはそういう人間ばかりが増えていきました。

残念ながら僕が見てきた実際の不良は、基本的には弱い者イジメを行う連中が多い集団でした。

女性に手を上げたり、弱い者がさらに弱い者をイジメてみたり――。

自分より権力のある奴、強い奴には絶対逆らいませんが、弱い者イジメは天下一品。男として最低な奴が多かったりします。もちろん、全員がそうではありませんが、基本的にはそんな人が多く寂しい集団でした。

自分のグループも大きくなるに連れて、いろんな奴らが入ってきました。

自分たちの美学に反して道を逸れていく仲間たちを律しようとことあるごとに仲裁に入り、一人ひとりと向き合い語り続けましたが、末端のメンバーにまで、僕の想いが伝わることはありませんでした。

カッコよくありたいと理想を掲げ、始めたはずなのに、外見ばかりが立派になって、内面はどんどんカッコ悪くなっていく気がしたのです。

そして極めつきは、他の年上グループに、好意を寄せていた女性が拉致された事件。返してほしかったら一人で来いと言われ、深夜その場に向かいました。

呼び出された場所に向かうと何十台ものバイクの音が轟き、金属バットや木刀などを持った集団が僕を待ち構えていました。そのときに発覚したのですが、なんとその女性もグルでした。僕を呼び出す口実だったのです。それでも無事でよかったと安心しましたが、とても哀しい気持ちになりました。

多勢に無勢でしたが、僕は「やるなら死ぬ覚悟でやる。ここでやられても必ず全員に勝つまで追いかけ続ける」という趣旨の渾身のハッタリをかましました。

それが功を奏し、事なきを得ましたが、一歩間違えれば非常に危険な状況でした。

闘争が盛んな環境に身を置く者は、「恩も仇もしっかりと返す。ナメられたら生きていけない」、こんな現実を突きつけられました。

そうした出来事の数々から、アウトローな世界がイヤになり、これがヤンチャ時代を卒業するきっかけになりました。当時、18歳。芸能生活でも限界を感じ始めたころです。

中卒で社会に出て働き、ヤンチャ坊主で何もかも中途半端。「このままではダメだ」と思い、自分の道を転換させる方法を探し始めました。

「銀座の女帝になる」と言った友人の影響を受けてバーテンダーに

一念発起した僕は、通信制の横浜平沼高校に復学しました。その先の展望が明確にあったわけではありませんが、女手一つで僕たちを育ててくれた母の面倒も見られないようなドラ息子だけにはなりたくないということだけは強く思っていました。

そこで、手に職だけはつけておこうと、なんとか入学金を貯め、柔道整復師（接骨院の先生になれる国家資格）になるため、高校卒業後、呉竹鍼灸柔整専門学校に通い始めました。まるで仕事など続かなかった僕が、このころから、寝る間も惜しんで前向きに生き始めたのです。

また僕は「男に生まれたからには、カッコよくありたい」、常にそう思って生きてきました。それは人にカッコよく見せたいというよりも、自分で自分がカッコいいと思えるような人間でありたいと思っていました。

傍から見たら不思議に思われるかもしれませんが、仮に損をしたとしても自分なりに美学を追求した納得できる行動であったかということが大切でした。しかし、真のカッコよさとはなんだろう。何が本当にカッコいいのだろうか？　と思ったときに、例えば、商売、ビジネスをやって成功するとか、政治家になって世の中の役に立つとか、いろいろな選択肢があることは認識できましたが、18歳にもなって中卒の未熟者であった僕には本質的なことはまだ理解できていませんでした。ただ、持ち前の行動力だけは一丁前でしたので、だったら「誰かに聞いてみよう」と思いました。パブロ・ピカソの「凡人は模倣（真似）し、天才は盗む」という言葉にもあるように、わからないなら社会的に評価をされている一般的に成功者と言われる人たちに聞いて、それを真似をしてみればいいと思ったのです。

知恵もコネもお金もない僕が、能力を手に入れるためには、結果を出している人たちのやり方を真似るのが一番の近道だと考えたのです。でも、どうしたら、そんな人たちに出会えるのか、当時の僕にはわかりませんでした。

今の自分に何ができるか。必死に考えた末に、僕はバーテンダーになろうと決めました。社会で結果を出している凄い人たちが集まりそうな土地でバーテンダーになれば、一流の人たちに会えるし、話し相手になることができる。

社会で結果を出している大人たちにもプライベートはあるだろうし、夜の世界には遊びに来る。そう思って水商売の世界に飛び込んだのです。

バーテンダーの仕事を選んだのは、当時親しかった友人の影響が大きかったと思います。

その友人は、とても変わった女性で高校を卒業するとすぐに「私、銀座の女帝になる」と言って銀座でホステスを始めました。当時は「何言っているんだろうこの人は……」と思っていましたが、仕事での体験談を聞いていると、見たことのない世界が広がっていました。

「今日は、お店にミハエル・シューマッハさんが来てて、この前はクリスチャン・ラッセンさんがこんな話をしてたよー」

テレビの中でしか見たことも聞いたこともないような人たちが、自分の目の前にいる彼女とコミュニケーションを取っているという現実が非常に衝撃的でした。そして類は友を呼ぶという言葉の通り、環境が変わった彼女と今まで通りの環境に身を置く僕のレベルの差がドンドン広がっていくことを肌で感じました。

僕も成果を出したいとは思っているものの具体的な方法が見いだせない。そんな状態の中で何か基礎になるものを作らなければいけないと思い、バーテンダーの世界に飛び込みました。

成功者と言われる人たちが集まる店での修業

20歳のとき、まず一から修業をと思い、地元の川崎でバーテンダーを始めました。

ちなみに僕の相方である秘書の風間良さんは、この川崎のバーの店長でした。

それ以来十数年、仕事のパートナーとして、プライベートでは良き兄貴分として公私共にお世話になっています。

その後、21歳になったとき、銀座・西麻布など都内に進出しました。経営の基礎を学んだのは西麻布でのバーテンダー時代でした。当時、牛角やam／pmを傘下に持つレックス・ホールディングスの経営者がプライベートカンパニーとして西麻布に会員制のバーを経営されていました。社長のご友人たちが気軽に集まるような場所で、当時その店の店長を務めていた山田朋行さん（現在は、エルアンドエス代表取締役）には経営のイロハを教えて頂きました。

そのときは、何を間違えたのかバーテンダーと言えば髪型はオールバックだと思い込んでいました。毎日オールバックにセットするのは大変だから、ということでアイロンパーマをかけ、一般的にはバーテンダーというよりも違う世界の人だと誤解をされてしまうようなルックスだったと思います。その西麻布の店の面接時には、周囲の従業員は、「変な奴来ちゃいましたね」という雰囲気で絶対採用されないだろうとみんなが思っていた中で、山田さんの「おもしろそうな奴でいいじゃねぇか」との鶴の一声で採用してくださったという話は、後に従業員仲間から聞きました。そして常に言われ続けたのが、「何事も甘くねぇぞ」ということ。考え方が甘かった僕にとってはその教えが胸に刻まれており、今でも非常に感謝をしています。

そのバーでしばらく仕事をさせてもらいましたが、挙げればキリがないほどの芸能人、プロスポーツ選手・監督、経済界の有名人などが来店されていました。

ホリエモンこと堀江貴文さんの接客をさせて頂いたときの経験は、僕にとって非常に大きな刺激となりました。堀江さんは、僕の存在など全く覚えていないと思いますが、バーテンダーだった僕が注文をうかがうと、目を合わせることもなく、一言「ハイボール」「ジンジャーエール」といった商品名のみを答えられていました。当時の僕の存在は、堀江さんにとって人間というよりも自動販売機と同列以外の何ものでもなかったと思います。このことによって良い意味で僕のやる気に火をつけて頂きました。

「僕もこうした日本中から注目を集める成功者の人たちから、きちんと価値を見いだしてもらえるような人間に成長しないとダメだ」。痛切にそう思いました。

高級店でしたので、毎晩、ドンペリやらロマネ・コンティやら、信じられないような値段のお酒がドンドン開けられていくような状況で、今振り返っても本当に華やかでバブルな世界でした。

そんな中で、お客様の会話もも̶れ聞こえてくるわけですが、20歳で中卒の僕には、全く言葉の意味が理解できませんでした。アセット、インバウンド、コンバージョン、キャピタルゲイン、東証一部、ＯＥＭ、ＫＰＩ——当時の僕には何のことだかさっぱりわからなかったので、毎日自宅に戻ってから辞書を引き、ネットで調べ一言一言をまず知ることを日課としました。

それからいろんな種類の本も読み始めました。

しかし、事実上中卒だった僕には、そもそもまともに勉強した経験がほとんどありません。当時、本と言えば漫画くらいしか読んでいませんでした。机の前に座っていることさえ苦痛でした。

だから、読書も最初は一日10分か20分しか続きませんでしたが、少しずつ読書量を増やし、文学作品、ビジネス書、哲学書などジャンルも広げていきました。こんなことを続けているうちに読書が好きになり、今では数千冊の本を読了するまでに至りました。そのうちにお客様の会話もわかるようになり、ドンドン楽しくなってきました。会話が弾めば、お客様にも可愛がってもらえるようになり、僕を目当てで訪ねてきてくださるお客様も日ごとに増えていきました。僕は、貧乏を経験していましたので人一倍、ハングリー精神は旺盛だったと思いますが、この店でさらにその気持ちが強くなりました。

チャンスは突然やってくる

そんな生活をしているうちに、僕の友人が一人のお客様を連れて来てくれました。

その方は、投資家として成功された人物で、お店の中での会話が弾み、後日ホームパーティーをやるから来ないかと僕を呼んでくださったのです。そしてホームパーティーに行くと、その方にこう言われました。

「一馬、おまえバーやりたいらしいじゃん。で、どんなバーやりたいんだ」

僕は、具体的に経営のイメージをしていたこともあり、「知り合いのところにこんな立地の物件がありまして、ここで契約ができたら周辺にはモダンなコンセプトのちょっとした高級店がないので、そうした客層にはニーズがあると思います。集客的にもやりやすいと思います。そしてこういう人材がいるので、その人を店長として連れて来たいと思います」といったような趣旨の話をしました。

すると、その方は、こう言ってくれたのです。

「そこまで計画が煮詰まっているならやってみればいいじゃないか」

そして会って2回目の方から、3000万円をポンッと出資して頂いたのです。これまで生きてきた中で、こんなチャンスに巡り合えたのは、この1回しかありません。そのとき思いました。チャンスというのは、いつ巡ってくるかわからない。だからこそのチャンスが来たときに備えて、それを受け止められる準備をしているかどうかに全てがかかっている、と。

それは、衆議院議員選挙のときも同じでした。巡ってきたチャンスを全身全霊で摑みに行く。できるか、できないかではありません。できるまでやり続けるという気持ちです。できる限りの準備をして、成果が出るまで、形になるまで諦めずに挑戦し続ければ、必ず成果が出る。その信念は今でも活動の基礎となっています。

22歳で渋谷にダイニング・バーをオープン。23歳でITベンチャー企業役員に

こうして僕は、22歳のとき、渋谷でダイニング・バー「リアリティ」を始めることになりました。店はすこぶる順調でした。

通常、オープンの当初は初期費用のやりくりや集客もうまくいかず赤字になることが多いのですが、ありがたいことに「リアリティ」は、開店以来、一度も赤字になっ

たことがありませんでした。

そして、さまざまな人が遊びに来てくれて、徐々に人脈も広がりました。

僕が水商売の世界に飛び込んだのは、自分自身の能力の向上や生活資金のためということもありましたが、「人」という財産を得たかったのも大きな理由の一つです。

銀座・西麻布での経験で一流の人たちにも出会えて縦の繋がりはなんとなくできてきましたが、まだまだ同世代の横の繋がりは弱いと思っていました。

そこで、僕はSNSを使って同世代の経営者たちを調べてみました。そこには20代前半でさまざまな業種で活躍している同世代の経営者たちがいました。IT、広告、人材派遣、保険、飲食、学習塾、アパレル——。こんな幅広い分野から経営者が集まったら、何かおもしろいことができるかもしれない。そう考えて一人ひとりにメッセージを送ってみました。「よかったら食事でもしませんか?」と呼びかけ、仲間を集めていったのです。ふつうなら変な奴からメッセージが来てもスルーされてしまいそうなものですが、さすが起業家たちは、おもしろそうなことにアンテナの感度が高く、フットワークも軽く、メッセージを送ったほとんどの人から返信があり、食事を共にさせて頂きました。そして意気投合した仲間たちと、20代の若手経営者・団体代表のサークルを作りました。

若手経営者といっても、みんなまだ創業間もないころです。資金もメイン事業も安定していないから結構きつい状況です。だから、お互いが持っている技術や知恵を交換することによって、お金をかけずに互いのビジネスに役立つような仕組みを作ろうと考えました。例えば、お店のホームページを制作してもらう代わりに、接待時に店を使ってもらうときには原価で飲食物を提供するなど、そんな連携をしていました。

当時は、ベンチャー企業ブームのころだったので、みんなが起業家に憧れていました。このサークルにも80名ほどのメンバーが参加するようになりました。その中には、今でも後援会の中心メンバーとして支えてくれている人が少なくありません。

ボードルアの冨永重寛くん、ナイルの高橋飛翔くん、A.verの林尚弘くん、シビラの藤井隆嗣くん。今となっては錚々たるメンバーがこのサークルに名を連ねていたのです。

そんな活動をしていく中で、後に僕のＩＴ関係の師匠となるｇｕｍｉの國光宏尚さんや、無二の親友となるウリドキネットの木暮康雄くんと知り合いました。そして、ビジネスの会話を重ねる中で、依頼を受け、会社の執行役員として仕事のお手伝いをさせてもらうことになりました。特に、國光さんとの経験は創業からビジネスモデルの立ち上げ、スキーム作り、資金繰りなどなど、僕にとって今に繋がる貴重な体験となりました。

自分の店と、2つのベンチャー企業での仕事。社会人としての人生が動き始め、ほんの少しだけ経済的な余裕もできてきました。人は余裕ができると、思考や心にも幅とゆとりができます。僕自身も食うや食わずのころ、自分のことだけで精一杯のころに比べて、気持ちに余裕ができました。

貧乏であることに気づいていなかった

初めての商売が軌道に乗ってくると、僕の内面も大きく変化していきました。僕はもともと、すごくケチだったのですが、あるとき、それがなくなっていました。そこで気づいたのです。

「僕はケチだったわけではなく、人に与えることのできるほどのものを何も持っていなかったんだ」ということに。自分たちが食べていくのに必死で、後輩にご飯をおごることもできないほど、お金がなかったのです。僕のように幼少期から貧困の中で暮らしている人は、それがあたりまえで自分が貧困層だということに、あまり気づかないものなのかもしれません。それが人並みくらいのお給料が稼げるようになったときに、初めて自分が貧乏であったことを理解することができました。

そして、初めて募金ができたときのことを今でも鮮明に覚えています。

偶然、叔父から国連UNHCR協会という難民支援機関のパンフレットを見せられ、「おまえも少しは稼げるようになったなら、こういうところに募金したらどうや」と勧められました。そして、なんとなくでしたが何かの役に立つならと思い、難民の方が必要とする物資の提供や健康管理の支援、それに自立を促進するための就労・教育支援を行うという募金活動に月々数千円程度ですが、寄付をさせて頂きました。

このときに感じたことは、「人のために何かができるというのは、自分がしっかりしているからこそなんだ」ということでした。人のために何か役に立ちたいと願うなら、自分がしっかりと自立し、人の痛みを共に背負えるような人間に成長できていなければならない。そういうことに初めて気づいたのです。僕自身が生活保護を受けていたときに、世のため、人のためにボランティアをすることができたかといえば、残念ながらそうではなく、自分の生活を自立させるのに必死だったと思うし、まずは、自分たちや家族のことを優先した行動をすべきだと思います。こうした経験を積み重ねる中で、改めて僕は自分に向かって問いかけるようにもなりました。

「この世の中で何をして生きていくのか」ということを。

その日、その日のことだけを考えて生きていた10代

僕自身は、死生観を大切にして生きている人間です。幼いころ、暴力と貧困が周囲にある家庭環境で生活する中、それに加えて、僕はぜんそくで体が弱かったので、「もう死ぬかもしれない」と思ったことが何度もありました。毎月のように救急病院

に運んでくれた母には、とても迷惑をかけたと思っています。

そんな中で、母は小さな居酒屋を経営しながら家計を支えていました。普段は祖母が近くにいて面倒を見てくれることが多くありましたが、夜中に僕が目を覚ますと、周囲に誰もいないこともありました。当時はまだ、3歳か4歳ですから、寂しくて泣きます。しかし、どんなに泣きわめいても誰も周りにいないわけです。それで、周囲に母や祖母が数時間いないだけでこんなに寂しくて辛いのに、僕が死んだらどうなるのだろう。たった数年、生きているだけでもこんなに時が経つ時間が長いのに、死んでしまったら数百年、数千年経っても何もわからなくなってしまうのかもしれない。そんなことを幼少期から想像していたある意味少し〝ませた〟子どもだったと思います。幼少期に悩んだこの問いの答えはまだ出ていませんが、人と触れ合うことを好み、かなりの寂しがり屋に育った自分を見つめ直すと、少なからずこの幼少期の経験は影響しているように感じます。

そしてその影響か、10代のころはとても刹那的に生きていました。「世の中に繁栄したものは数あれど、永遠に繁栄したものは一つもない」。だったら、その一時代を彩ることに意味はない。それよりも人生の一瞬一瞬を懸命に生きることの方が重要だと思っていたのです。

当時の僕自身も中学を卒業して、すぐ目の前の生活を成り立たせ、家族を支えるために働きに出なきゃいけなかった。長期的なビジョンなど全く持っていません。超短期的な思考で生きていました。その瞬間、瞬間に家族や仲間のおなかが満たされれば、楽しみが得られればいいと、本気で考えていたのです。もっと言えば生きていくのに必死で、目の前のことしか考えられなかったのです。しかし、その感情がある時期に180度変わりました。

僕の生活を180度変えた、ゴーギャンの1枚の絵

あるとき、フランスの画家であるポール・ゴーギャンの絵を見ました。「我々はどこから来たのか　我々は何者か　我々はどこへ行くのか」というタイトルが付けられた作品です。

それを見たときに惹き込まれ、共感しました。僕たちは何のために生まれてきて、この一時代で何を成して、どう死んでいくのだろう――。そう物思いに耽《ふけ》りました。このまま死んだら、僕には本当に何も残りません。やはりその一時代を彩ることに非常に意味があるのではないかと、思い直したのです。

初めはシンプルに「どういう人間になればいいいんだろう」ということを考えました。

「この先、自分は何がしたいのか？」

「どこに向かって進むべきなのか？」

「自分の人生で一番カッコいいと思えるのは何か？」

常にカッコよくありたいと思ってはいたものの、何が本当にカッコいい姿なのか、はっきりとしたイメージは定まりませんでしたが、自分と向き合っているうちに、少しずつ見えてきました。

「人のため、社会のために役立てる人間でありたい」

それは自分自身のためではなく、他の人や、社会のために、何か自分のできることをしていく姿ではないか。それが最高にカッコいい、本当の姿ではないか、と考え始めたのです。

そして、人のためや社会のために、何かをするには、まず自分自身がしっかりとしていなくてはならない。

僕の周りには、かつての自分のように、経済的な自立のための機会や環境に恵まれない若者たちが今でもたくさんいます。彼らにも仕事や学習に意欲的になれない焦りや不安、苛立ちがあったはずです。

そしてその環境を乗り越えていくためには、もちろん、自分自身が変わらなければ何も始まりません。

でも一方で、それらの問題には、社会的な背景や遠因もあります。そんな社会の仕組みを少しでも変えることはできないだろうか。社会の仕組みを変えることは大変です。大変な仕事ではありますが、僕にもできることはあるかもしれない。そう思い始めたのです。

社会を変える役割を担っているのは、本来的に言えば政治家です。しかし、残念なことに、今の政治家のイメージは、少しもカッコよくありません。本当は人間と社会のために最善を尽くす、素晴らしい職業であるべきはずなのに。とても残念です。

シンプルに、そう考えている自分がいました。ならば政治家になろう。僕が新しいモデルの政治家になってみよう。こんな僕だからこそできることがあるはずだ。そう決心したのです。

創業時に役員を務めさせて頂いた(株)gumiが、2014年12月、無事に東京証券取引所市場第一部に株式を上場

政治家を目指し722人の国会議員に片っ端から電話をかける

振り返ると、僕が政治家に憧れを持ったのは意外に早く、ヤンチャ時代に取り上げられた雑誌の中で、すでに「政治家になる！」などと言っています。

「外でどれだけ吠えていても社会の理不尽は変わらない。ルールを作っている人々が変わらないのなら、自分たちが社会にとってより良い方向にルールを変える人間にならなくてはならない」。社会への疑問や不公平感がうっ積していた、そんな時期でした。

ただ当時は、友人たちから「中卒のおまえが政治家になんてなれるわけがないだろう」というようなことを言われ続けていました。

そして改めて政治家になろうと決意したものの、確かに僕には、学歴もなく、政治家の知り合いなどいませんし、ツテもありません。

でも政治家になるのであれば、なるべくたくさんの政治家たちと知り合いになった方がいい。僕にはそれしか方法がないと思ったのです。だったらやってみるしかありません。それなら行動あるのみということで、まずは、政治家の人たちが会ってくれるような組織を作ろうと考えて、東大生や慶大生などの友人たちを募り、「日本の政治をおもしろくする会」（略称：日政会）という政治のリアルを学ぶ学生団体を立ち上げました。722人いる国会議員（当時）全員に連絡をしてみよう。そんな思いで突き進みました。

日政会は、若者の政治参加を促進するというテーマを掲げ、政治家にインタビューしたり、話をして頂いたりすることを主旨とした学生団体です。まずはみんなで政治家の電話番号やメールアドレスを収集して、集まった国会議員情報をもとに片っ端から連絡を入れてみました。

「僕たちに会って頂けませんか？」

すると、蓮舫さんや細野豪志さん、泉ケンタさんや橋本岳さんら100人ほどの政治家が会ってくれることになりました。

ちなみに、当時僕の住まいのあった神奈川10区の自民党衆議院議員や後に僕の政治の師匠となる菅直人さんは、会ってくれませんでした（笑）。後日談ですが、後の先輩秘書となる加藤義直さんに聞いたら、どうやら怪しい奴らだと思われて、彼の判断で取り次ぎをしてもらえなかったようです。

面会してくれたのは圧倒的に民主党の方々が多く、僕らのような学生や若い連中ともフレンドリーに接してくれました。その後も選挙のときには、渋谷のクラブなどを借りて、音楽を流しながら、スクリーンで選挙速報を見る「選挙飲み」というイベントを当時ＰＨＰ総合研究所の代表を務められていた江口克彦さんやドトールコーヒーの創業者の鳥羽博道さんに協力を頂いて開催したりしました。日政会で交流を持った方々がこうしたイベントに興味を持って応援をしてくれることもありました。

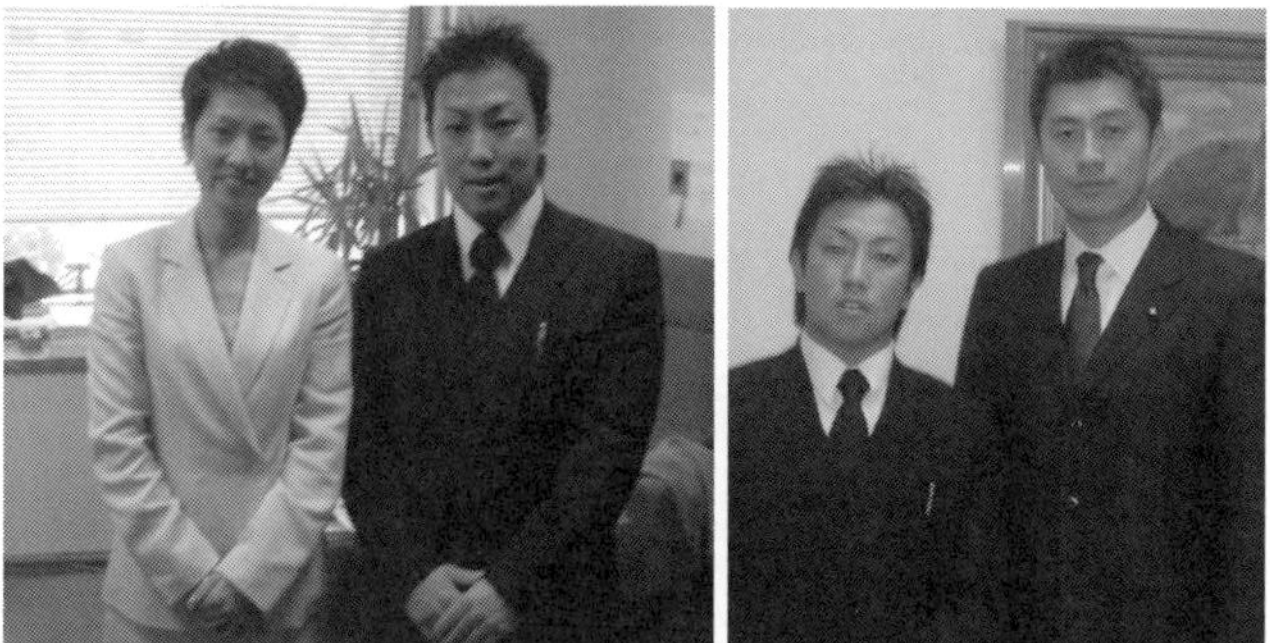

日本の政治をおもしろくする会で蓮舫さん、細野豪志さんを訪問

小泉純一郎元首相に惹かれ、自民党学生部へ

そんな活動をしていた当時、僕が仲良くしてもらっていた先輩が自由民主党学生部中央執行委員会の委員長をやっていました。「自分たちは卒業するが、副委員長として指名しておくから、副委員長として自民党へ来ないか」と彼が誘ってくれました。「もし、政治家を考えているなら、保守本流のウチへ来たらどうだ？」と言うのです。

そのころの僕は、まだ政治信条として民主党か自民党か？　ということはあまり考えていませんでした。強いて言うなら小泉純一郎さんがとてもカッコよく見えたのと、一緒にやりたいなと思える友人・知人が、自民党学生部にはたくさんいたということはありました。しかも、副委員長として指名してもらえるなんて、と感激もしました。そこで僕は、自民党学生部にお世話になることにしたのです。

しかし、自民党に入って間もなくわかったのは、事務局の締め付けが相当厳しい組織だということでした。大ホールに集められて党歌を歌ったり、「今日はこの人が講師で来るから、話を聴きに来てください」と言われたり、そんなことが数多くありま

した。

今であれば、僕にも政党の構造として、将来の自民党を担う人材や党員、あるいはファンを育成するのが学生部なんだと理解もできますが、当時の僕たちは「なんだかうっとうしい」と感じて反発しました。

あるとき、決定的な出来事が起こりました。僕たちが他党の学生部との交流イベントをやりたいと申し出たところ、反対する事務局と正面衝突してしまったのです。党にしてみれば、多様な価値観を持たれるのは好ましくない、という感覚だったのかもしれません。それでも僕たちは無視して勝手にやったりしていたため、とうとう事務局と派手なケンカになってしまったのです。

自民党の事務局と激しく衝突して民主党へ

そんなとき、「日政会」のインタビュー以来、懇意にしてくださって、僕がとても大好きな議員であった民主党の衆議院議員・村井宗明さんが声をかけてくれたのです。

「だったら、ウチに来ないか？」

僕はその言葉に乗り、学生部の半分くらいのメンバー等と共に、民主党へ行くことになりました。

村井さんの指示の下、若手代表として都知事選の浅野史郎さんの選対スタッフに加わりました。ほどなく選挙は終わりましたが、僕は当然、その後も村井さんのお世話になるつもりでいました。ところが、村井さんは真剣な面持ちでこう言ったのです。

「一馬、本気で政治家を目指すなら、俺みたいな下っ端議員の下にいてはダメだよ。もっと誰か偉い人を紹介してあげるから、行ってみないか？」

僕は戸惑いました。本当に村井さんのことを尊敬し、この人と政治活動をしていきたいと思っていたからです。それと同時に、村井さんは当時、小沢一郎さんのグループにいましたので、小沢さんのところを紹介してくれるのだろうか、と考えていました。すると村井さんから、

「将来的に、地元の関東圏から出馬したい一馬にとっては、適材適所で配置してくれるのは菅さんだと思うし、一馬の能力が生きるのは菅さんのところだと思うから、菅

さんを紹介してやる」

と言われたのです。

「小沢先生のところでなくても大丈夫なのですか？」

僕は思わず聞き返してしまいました。そうすると村井さんは、

「菅さんはフランクな人で能力があれば、適材適所の登用をしてくださる方だから、おまえは菅さんのところに行った方がいい。俺が小沢グループだということを気にしているならそんなことは気にしなくていい。俺はおまえが成功してくれたらそれがうれしい」

温かい言葉です。そんな度量の広い村井

お世話になった村井宗明元文部科学大臣政務官

さんの言葉は僕の心に響きました。悩んだ末に、村井さんの勧めとあれば、それに従おうと心を決めました。

菅直人元首相の運転手、そして秘書へ

こうして僕は、菅直人事務所の門をくぐることになりました。

最初はインターン生として、統一地方選挙（2007年）や菅さんのお膝元である武蔵野、府中の市議選などのお手伝いをしたり、参議院選挙（同年）で大河原雅子さんを応援したりしました。

そのうちに「なんだか奴は頑張っているな」と評価されて、僕は菅さんの運転手になりました。ボランティアからアルバイト待遇へ昇格です。

運転手になったときは、とても緊張しました。実は、それまで僕は菅さんと一度もまともに話をしたことがなかったのです。

当時の僕は、学校に行きながら、店もやり、会社の役員もやっていました。柔道整

復師の国家試験の日も迫っていたのです。月500時間くらい働いていて、本当に寝る暇もなかったのです。いつも気絶する（眠る）のは学校の机の上という当時の先生方には申し訳ない状況でした。

菅さんを待っている時間は、車の中で黙々と勉強しました。

専門学校は追試・再試の連続。それでも最後は200点中、合格ラインすれすれの120点ピッタリで進級できました。119点の人は本当に留年していましたから、まさに綱渡りの毎日だったのです。きっと運が味方をしてくれたのでしょう。なんとか国家試験にも合格しました。

少しずつ菅さんとも話せるようになりました。それはうれしかったのですが、自分にもターニングポイントが近づきつつあると感じ始めていたのです。

学校は卒業したし、国家試験も無事通った。店も順調だし、菅さんというビッグネームの側にもいる。しかし、見方を変えれば、どれも中途半端です。

国家試験は合格しているけど満足のいく点数ではなかったし、店も赤字を出してはいないとはいえ、大儲けしているわけでもありません。政治活動も身分的にはまだアルバイトのドライバーに過ぎません。

僕もそろそろ自分自身の道を決めなければならない――。もう迷いはありませんでした。僕はずっと政治をやりたいと思ってきたのです。思い切って店と2つの会社を辞めることにしました。みんな快く僕を送り出してくれました。その好意には今でも心から感謝しています。

そして僕は、菅さんに言いました。

「店も会社も辞めてきました。給料はいくらでもいいので、僕を秘書にしてください！」

「えっ、おまえ、本当に会社辞めてきたの？」

菅さんは本当にビックリしていました。それでも「じゃあウチで働いていいよ」と言ってくれたのです。

自分の決心がついて、それが形になりました。とてもうれしかった。後になって、一つだけ、ちょっと驚いたことがありました。給料はいくらでもいいと言ったのは僕だけど、そうか、いくらでもいいというのはこういうことだったのか……（泣）。

でも、それでいいのです。

まさに、僕の「勝手に背水の陣」計画がスタートしたのです。また一から始めよう。

そんな思いで、前を向いて歩き始めました。

後援会とグループの担当秘書として

菅さんたちに、早く認めてもらいたい。そう思って、僕が心に決めていたことがあります。「誰にでもできることを誰よりもやる」ということです。ポスター掲示の営業なら、人が100件回って5枚貼ってくるなら、僕は300件回って20枚貼ってくる。テレアポでみんなが一日200件かけるなら、600件かけよう。

こういう単純な作業・労働をいとわず誰よりもたくさんこなすことにしたのです。

それが修業だと自分に言い聞かせ、ただただ、がむしゃらに必死で働いたのです。

そして半年ほどが経ちました。

「おまえ、ベンチャー企業をやっていたなら、資金関係もわかるよな？」

菅さんから願ってもない声がかかりました。僕は即座に「ハイ、得意です！　やらせてください」と答えました。

僕は、菅さんの全国後援会である「草志会」の担当秘書と菅グループの事務所「国のかたち研究所」での業務を任されるようになりました。主に、組織団体対応と資金管理を担当させてもらいました。

菅さんは、大口の献金はスポンサーの意向が影響して政策が偏ると疑念を持たれるから、絶対にダメだという政治家でした。だから、支援者や企業を回って、コツコツと小口の献金を集めなければなりません。相手は役員クラスの方々が対応してくれますが、僕のような若造が「菅直人事務所・秘書」の名刺を持って会いに行くので、おもしろい奴だと思ってくださった人も多かったようです。結果、多くの政治資金を集めることができました。

経費の削減についても徹底的に進めました。民間企業に比べれば、政治家の事務所はどこもコスト意識が高くありません。「コピー1枚の経費はいくら」など、民間ではあたりまえに意識されていることが、問題として取り上げられてもいませんでした。小さな一つひとつを改善していき、効率化を図っていきました。最終的には目標値が前年比の1・2倍であったのに対して7・5倍もの利益を出すことできました。生意気で恐縮ですが、収支の向上には大きく貢献したと自負しています。

菅さんもとても評価してくれました。仕事ぶりをきちんと見てくれていたのです。どの世界でも、これは働く者にとって大きな励みとなります。

お金には潔癖と言えるほどクリーンな菅さん

世間で菅さんは「イラ菅」などと呼ばれています。しかし、僕に言わせれば、怒り方が派手なだけ。それも人を選ばず、相手が誰であれ、臆することなくモノを言うから誤解されているだけでしょう。

僕は3年間仕えましたが、本気で怒られたのはたった1回です。それも、明らかに僕が悪かったのです。菅さんは面倒見が悪いという人もいましたが、実際は全く違っていました。僕は政策のことや議員としての心構えなど、あらゆることを親身になって教えてもらいました。

ある日、軽井沢出張からの帰り道で菅さんと一緒に大渋滞に巻き込まれました。通常なら2時間程度の距離が延々6時間もかかってしまいました。そのときのこと。車内でずっと僕の今後の進路のことをお話しさせて頂きました。

菅さんは、日頃の激務で当然疲れているはずですが、車内で僕の話に熱心に耳を傾けてくれただけでなく、到着してからも菅さんの自宅前で深夜までずっと話を聞いてくれました。ちょうど同じころ、「議員になるなら大学くらいは行っておいた方がいい」と菅さんに勧められて慶應義塾大学経済学部通信教育課程に進学しました。

菅さんの家に招かれることも多くありました。借家の質素なお宅でしたが、多くのインターン生や学生たちが集まり、泊まっていくことも珍しくなく、リビングでみんなよく雑魚寝をしていました。

また、お金については本当にクリーンで潔癖な人です。

あるとき、僕がとある団体にパーティー券を買ってもらったことがあります。菅さんはこう言いました。

「この団体に買ってもらってはダメだよ。返してきなさい」

僕は驚きました。とにかくお願いして、購入してもらったのです。それを返しに行くなんて、相手先やその業界とも気まずくなるかもしれません。それに政治資金収支報告書に団体名を記載する義務のないくらいの少額です。そのうえ、どの政治家ともまんべんなく付き合いがあるような団体からの献金だったのです。

それでも菅さんは、断固として「返してこい」と言いました。

仕方なくとても恐縮しながら返しに行った僕は、先方からこう言われました。

「え、何ですか、それは。そんなにウチと付き合いたくないの？」

本当に気まずかったことを覚えています（苦笑）。

後に、誰もが体験したことのなかった大震災時の対応を巡って、菅さんは時の首相として批判をされたりもしました。しかし、今でも菅さんの評判は海外では非常に高いのです。政治家にとって、ほめられたり、けなされたり、世間の評判が移り変わる毀誉褒貶《きよほうへん》は宿命なんだと思います。ただ、「百聞は一見に如《し》かず」。少なくとも報道で見る政治と現場で見る政治は全く別物でした。

そんな菅事務所での修業の日々を過ごしていた僕でしたが、菅さんはタイミングを計って地元神奈川7区選出の衆議院議員であった首藤信彦さんを紹介してくれました。それは僕の立候補への道のりが、少しだけ具体化したことを意味していました。信頼は事実の積み重ね。僕が政治にかける想いと意志は、十分に菅さんに伝わっていました。胸が高鳴りました。前に進むしかありません。

そして、2010年6月「人が人から離れるときは、その人が大変な状況下ではなく、一番良い状態のとき」という自身の信念の下、菅さんの事務所を去りました。菅さんが総理大臣になったタイミングです。

「県議会議員よりも総理大臣秘書の方がいいじゃないか」

そう言って引き止めてくれた人もいましたが、僕の決意は揺るぎませんでした。約3年間お世話になった事務所を辞職し、立候補を目指したのです。

事務所を卒業するときに撮影して頂いた一枚

菅直人元首相宅でのスタッフやインターン生たちとの飲み会で

第2章
県政史上最年少の神奈川県議会議員が誕生

県議会議員選挙に必要な費用は1000万円

国際政治学者でもある首藤さんは「とても頭のいい人だけど変わった人で、いつも国会にいるから、地元にはあまりいない」そんな噂もチラホラと耳に入ってきていました。しかし実際に仕えてみると、イメージとは違ってとても良い人で、さまざまなサポートをしてくれた方でした。

僕が立候補に向けて準備を始めたころのことです。

「民主党から同選挙区で2人出ることになるから、党の公認をもらうためには、現職の計屋珠江さんに会って、承諾を得ないと出られないよ」と言われました。

複数の人が受かる選挙区で同党のライバルがもう一人立つということは非常に大きな話です。僕は、首藤さんに伴われて計屋さんに会うことになりました。計屋さんは、実は中学時代からよく遊んでいた友人のお母さんだったので、僕の方は計屋さんのことは知っていました。現在も大変お世話になっている先輩です。僕にとって今となっては地元の母のような存在で、困ったときにはいつも泣きついて相談に乗ってもらっています。時には厳しく、時には優しく、そして温かくご指導を頂いています。

お会いしたのは、忘れもしない暑い夏の日。日吉のスターバックスでした。ガッチガチに緊張した僕は、何を話したのかよく覚えていません。しかし、計屋さんは、私心ではなく全体のためにと快く公認のＯＫをくださいました。その器量の大きさに今でも感謝をしています。

その後、正式に公認をもらったのが、２０１０年8月30日でした。ちょうど僕の27歳の誕生日でした。不安や問題は山ほどあります。選挙資金の貯えなど、僕には全くありません。

通常、県議会議員選挙に挑戦するには１０００万円くらいはかかると聞かされていました。そのときの僕の貯金はたった２００万円。僕の家族にも、大金を頼めるはずはありません。

でも、なんとかなるだろう。ヤル気と根性でなんとかしよう。みんなに助けてもらいながら、自分にできることは何でもやろう。信じて行動を続けていけば、道は拓かれる。今までがそうであったように。そう考えて僕は走り出しました。

選挙で得るもの失うもの

出馬を決めたそのころ、プライベートでも大変なことが起きていました。上の妹は、ちょうど結婚して妊娠・出産の時期にぶつかっていましたが、それでも僕を励ましてくれました。気苦労をかけたことと思います。

母は子宮摘出の手術をした後で、さらに更年期にさしかかり、心身共に不調に陥っていました。それでも相変わらず僕のことを心配してくれていました。「あなた、大した学歴も何もなくて、政治家になるなんて。お金だってかかるでしょうに」と言いながら「手伝ってあげたいのに身体が動かへん。一馬に申し訳ない」と言いました。

僕は僕で、「ゴメンな、オカンがこんな時期に。むしろ僕が支えてあげないかんのに、また自分勝手なことして……」と心が痛んだのです。

また当時、長く交際を続け、結婚をしようと考えていた彼女がいました。

彼女は、とある地方の議員のお嬢さんでした。地方は都市部より、より濃厚な古い体質のコミュニティなので、彼女は父親の選挙のときの母親の苦労を目の当たりにしていました。

毎日「○○をお願いします」と、平身低頭して歩いていたそうです。彼女は「私には母のようなことはできそうもない。あなたが選挙に出るなら別れる」と言いました。そして、僕たちは別れたのです。現実は、ドラマのように甘くはないと痛感した瞬間でした。

友人の多くは、本当に心から応援してくれました。なかには僕と同様に、それほどお金を持っているはずもないのに、「こんなに大丈夫かよ?」っていうくらい寄付してくれた人もいました。

逆に、親友だと思っていた人が応援してくれない。ゆとりがあるはずなのに……と驚き、残念に思ったこともあります。人はさまざまです。事情もあれば、タイミングもあります。

人を信じることは大切です。しかし、期待しすぎてはいけない。「信じていたのに」という言葉は、相手に責任を押しつける甘えです。良いことがあったときに、喜びを噛み締めた方が楽しい人生。得るものがあれば失うものもある。そんな感慨深い想いを抱きながらの26歳の挑戦でした。

その1年は僕にとって、実にたくさんのことを教えられ、学んだ期間でした。

27歳で県政史上最年少の神奈川県議会議員に

神奈川県議会議員に当選したときのことは、今でも忘れられません。

2011年4月10日。第17回統一地方選挙でした。得票数は1万7221票。順位では最下位でしたが、見事、当選することができました。

地盤（支援者組織）・看板（知名度）・鞄（資金）などと言われますが、組織票や基礎票を全く持っていなかった僕は、開票速報の序盤、得票数はゼロでした。そこから追い込んで逆転勝利をしたのです。こうして僕は27歳にして県政史上最年少の神奈川県議会議員となったのです。

「当選させて頂きました〜！」

「おめでとう！」

「万歳！」

「よかったね、よかったぁ！」


拍手と歓声の中、僕は精一杯に声を張り上げて当選の挨拶をしました。

その直後、全身から力が抜けました。心底ホッとしたからです。

そのときの僕は、きっと間の抜けた顔をしていたでしょう。

生まれて初めての立候補者として戦う選挙戦。選挙期間は10日間に過ぎませんが、本当に長く感じました。

僕のような無名の新人候補には、政治活動を含め、約1年の長い準備期間が必要でした。

満足な資金がないまま、家族、友人、スタッフや支援者の方々、多くの人を巻き込んで、初めての選挙に臨んできたのです。

「これだけ多くの人々が僕を応援してくれている」

「期待に何としても応えなければ」。そう思い続けてきました。

テレビの画面に「当確」のテロップを目にした瞬間、そんな緊張感から解き放たれて、僕は喜びより先に、安堵感で一杯になったのです。

戦いの期間中は語りつくせないほど、さまざまな経験をしました。政治活動期間は、雨の日も風の日も、毎朝夕2時間以上の街頭演説を続けました。

加えて、実績も何もない僕を知ってもらうための地元回り、有権者の方々との集会、タウンミーティング、震災後の義捐金募金活動……。選挙期間中は、街宣カーは極力使わず、一日18時間、主に自転車で走り回りました。

豊富な資金などありません。足で稼ぐしかなかったのです。おかげさまで約10キロの減量に成功したほどです。その後のリバウンドは凄かったですが……（苦笑）。

苦労をしたのは僕一人ではありません。スタッフも支援者も、みんな同じように苦労と働きを分かち合ってくれていました。僕の事務所のスタッフは、基本的に自分の仕事（本職）を持っていましたから、平日は、菅直人事務所時代のインターン生や僕の書いたブログを読んで応募してくれた学生たちが手伝ってくれました。土日になると、社会人の仲間たちが貴重な休日の時間を割いて応援に来てくれました。なかには、九州から住み込みで手伝いに来てくれた友人もいました。

地域の保守層は自民党がしっかりと固めています。民主党の支援団体や基礎票は同選挙区のもう一人の先輩候補者が取りまとめていました。また、当時の世間の風は、みんなの党に向かっていました。

僕が立候補を決めたころは絶好調に見えた民主党内閣も支持率は下がる一方でした。未曽有の大震災を挟んで菅政権は苦境に立たされ、選挙戦、最後の一カ月はみんなピリピリしていました。そんな逆風の中にあっても、僕を信じて最後まで支援してくれる人々の誠意、心意気は、言葉にできないくらいありがたいものでした。

そんなめくるめくような想いと、ともかくも当選を果たした心地よい疲労感に包まれながら、同時に、僕の頭の中には別のことがよぎっていました。

「忘れてはいけないことが、一つあるぞ」

「僕はいったいなぜ、この場所に立っている？」

「なぜ、ここまで来たのだろう？　学歴も、お金も、何もない自分が」

何か一つでも欠けていれば、僕はその場所には立っていませんでした。それほど偶然と幸運に助けられて、そこにいたのです。

ただ、何もなかった自分でも、唯一持っているものがありました。

それは、夢と志でした。

その想いに共感し、支えてくれたたくさんの支援者の方々の協力と、それ

神奈川県議会の本会議にて登壇。脱法ドラッグ規制条例の制定について黒岩祐治神奈川県知事に提案し、実現しました

らに対する心からの感謝は言うまでもありません。

僕の政治家としての夢と志を実現しようと、前だけを向いて仲間たちと全力で突っ走ってきました。

若い僕にだってできることはあるのではないか？　いや、僕のような来歴の人間だからこそ、できることもあるはずだ。そんな自分の想いと考えを人々に伝え、訴えて、それらを実践するために政治家を志したのです。

であれば、これは到達点ではありません。ともかくも最初のハードルを越えたけど、まだスタート地点に立ったに過ぎない。これは始まりだと身を引き締めました。

政治家はなんのために存在しているのか

皆様は、そもそも政治家・議員は、何をする人たちなのかご存知ですか。

国や自治体の運営は、皆様から頂いた税金によって行われています。

日本国で言えば、毎年90兆円超の予算、神奈川県でいえば2兆円程度の予算があり、その使い道に対して意見・提言を行い、予算配分やルールを決めるのが各議会の議員です。

議会は社会の縮図で、議員は各分野の利益代表であり、その集合体が考える利益を代弁します。

わかりやすく言えば、原子力発電所などの社会問題やカジノ政策の賛否といったテーマなどを解決する市民活動家の代表。

また各業界団体の利益代表。例えば、医師会出身者であれば医者の考える理想を代弁します。

さらには、若者・高齢者など、世代の利益を代弁する利益代表。そして、地元の名士といった地域の利益代表など、この限りではありませんが、さまざまな利益・理想を代表して代弁する者が議員であり、政治家です。

投票して政治家を決めることがなぜ大事なのか

議員は、わかりやすく言えば、ルールを決めて、皆様から集めてきたお金の使い道を決めて分配する人たちです。その使い道が「国民が納得できるものであるか」「継続的な公益に繋がる使い道であるのか」などを判断します。そして国民の利益を代弁できる議員であるのかを国民が判断する機会がまさに選挙であり、投票です。

この日本が法治国家である以上、秩序を守るため、あたりまえですが暴力は認められていません。ということは一番強い力はなにか。ルールを作る者が一番強くなります。

しかし、いったん決まってしまったルールがいつまでも適用されるかと言えば、そうではありません。

例えば、ジャンケンで説明をすると、グーはチョキに勝てる。これは一般的なルールです。もしもチョキを出した人がルールを変更できる権利を持っていたらどうでしょうか。

この「ルールを変更できる権利を持っている者」こそ、議員なのです。

例えば、その権利を持っている議員が、チョキでグーに勝つことこそが国民の利益になると思い、信念を持ってこのチョキを出したいと考えていたとしたら、心境としては、信念のこもったチョキでグーに負けるわけにはいきません。だからルールを変更し、チョキはグーに勝てるようにしてしまうでしょう。

このように現在の世の中は、ルールを支配する者がとっても強いんです。えげつない話をしましたが、ルールを変えたら勝敗が変わって、昨日までの勝ち組だった者たちが一気に負け組になる可能性があります。

そんな状況下で、皆様の声を代弁してルールを決める立場にいる政治家への投票というものは非常に重要な行動であり、自分の成したいことを成し遂げるには、代弁者である政治家へのアプローチが非常に重要になります。

その中で「今の政治がなんだかダメだな」と思えば、新しい者に期待し、投票してルールを変え、「今の政治が安定して良い」と思えば、既存の勢力を応援してルールを維持しようとすればいいのです。

僕たちを取り巻く状況を変えていくためには、チョキでグーに勝つというぐらいの気概を持って、強者のための政治でもなく、目先の政治でもない、弱者のための、未来のための新しいルールをみんなで作っていく必要があります。

僕は、こうした観点から、国民の未来がより良くなる新しいルールを常に考えながら、日々活動をしています。

なんで政治はあるべき方向に向かわないのか

なんで政治は変わらないのか。動いていかないのか。

シンプルに言えば、国民の政治への関心が低いことが最も大きな要因だと思います。

僕たちが、仮に政治に無関心であったとしても政治と生活が無関係になることは決してあり得ません。

その中でも、若者の投票率は特に低いことから、未来を代弁する利益代表が非常に少ないように感じます。その結果、近視眼的な目線で負担を若者世代・将来世代に先送りすることだけで問題回避をしようとしている自転車操業的な政策が行われており、長期的な成長を見込んだ運営ができていません。

若者の投票率が低いのは、政治への関心が低いためだけではありません。自分たちの悩みを代弁してくれる議員がいないということを、若者が感じていることも理由の一つだと思います。

因みに、2011年に僕が初当選したとき、神奈川県議会の定数107人中、20代の議員は僕1人でした。要するに107分の1で、1%未満。30代の議員を入れても10%前後でした。年齢だけで政策が決まるわけではありませんが、当然世代が近いほど認識している悩みが近くなります。

例えば、高齢者であれば介護・福祉・医療などへの関心が高いでしょうが、子育て世代の若者であればそれよりも保育園や子育て関係の手当てなど、そういったことが当然気になるでしょう。ですから、年代の近い政治家はやはり自分たちに近い悩みや考え方を持っている可能性が高くなります。

しかし、想いを共感できる政策を掲げている同世代の議員が少ない若者にとっては、投票したい人がいないとなるのも、うなずけます。

また、人口比率と投票者数比率から見る政治的影響力の変化で言えば、少子高齢化の影響から若年世代の影響力が低下傾向です。このようにただでさえ人口比率で影響力が低下してるのにもかかわらず、若者世代の投票率は低く、高齢者世代の投票率は高い傾向にあります。

民主主義の高齢化（シルバー・デモクラシー）によって、政治における高齢者の影響力の増加が懸念されるということもありますが、それ以上に、それらを改善していかなければならない若者の政治参加への興味関心が低く、「自分たちが動いても何も変わらない」と思っていることが、あるべき方向に政治が動いていかない大きな原因の一つであると感じています。そして、一番の問題点は、若年層が自分たちの置かれている状況や問題点を自覚できていないということです。

現在のように未来を担保に借金を積み重ね、目先の利益だけを考えた生活を送り、将来に負担を先送りしている現状を続けて困るのは、未来を生きる若年層です。しかし、この状況が自覚できていない若者たちに責任があるのかと言えば、そうではありません。

社会参加をすることの意義をきちんと教育できていない現在の社会に責任がありま

す。

若年層に社会参加の意義を伝えるためには、人生経験が豊富で人口規模の大きい先輩たちが、経験が浅く人口規模の小さい若年層の声を汲み取れる教育やシステム作りを行うことが本来的には必要なのです。

僕はこうした政治参加の教育に関しては、市民として必要な素養を育てるシティズンシップ（市民性）教育をより充実させ、若年層に社会参加の意義や現在の問題意識を共有させることで、ポリティカルリテラシー（政治情報や知識の活用能力）の向上を図り、全世代市民参加型のより良い政治を作る必要があると考えています。

多くのふつうの市民の声を政界に届けたい

現状では、一部の既得権益団体や圧力団体の声がより優先的に政治や行政に反映されがちです。それは少数派でありながら、政治や行政へのテクニカルなアプローチが巧みだからです。

僕は、そうした方々よりも、ふつうに生活を過ごす一般市民や、政治の世界がなんだかおかしいと思っているけど、声の上げ方がわからないサイレント・マジョリティ（静かなる多数派）、全世代の本当に困っているマイノリティ（少数派・社会的弱者）やハンディキャッパー（身体障害のために社会的に不利な立場にある人）、あるいは機会に恵まれない若者たちなども含め、広く一般の生活者の方々の意見に、耳を傾けたいと思っています。

こうした想いから僕自身は、自分の政策作りや政治家としての成長のために、自前のネットワークや地域の会合に参加をし、積極的にいろんな人に会い、意見を聞かせてもらっています。

僕の地元選挙区である横浜市港北区・都筑区の人口は、約56万人で、仮に全ての人に話を聞こうと思ったら1人3分、一日200人×365日×8年間、話を聞き続けたとしてもやっと58万人くらいです。

そんな活動にも当然お金はかかります。1回は少額でも一年365日と積み重なっていけば大金になります。

収支は、いつもカツカツで当然ながら利益が出る構造になっていませんし、必要もありません。そもそもそんな政治をやって大きな財産でもできたら、それは論理の矛盾です。政治は利益追求の事業ではありません。社会変革のための志の仕事であるべきだと僕は考えています。

だから情報収集や学習などのインプットと、広報、提言、告知などによるアウトプットがきちんとできる、まっとうな政治活動を続けられる程度の費用と選挙費用さえ集まれば御の字だと考えています。しかし、政治家や行政が何かを変えていかなくてはいけないと考えたとき、自らも痛みを負うような提案でなければ、広く国民に理解されないと思います。それは議員定数の削減や行財政改革も同じです。僕たち当事者は、常にこのことを忘れるべきじゃないと思っています。

議員になってわかった既得権益の構造

政治の世界に入ってみると「なんだかヘンだよなぁ……」そう思うことはたくさん

あります。しかし、長い時間をかけて積み上げられた制度やシステムを変えていくのはそう簡単ではありません。

何かを創造していく行動は、クリエイティブにみんなが力を合わせて前向きになれるので、賛同も得やすいものです。ところが、いったん出来上がったものを壊す作業には、とてもネガティブな力が働きます。

その中で安穏としていた人々や既得権を持つ人々は、消極的になるばかりか、いろんな理由をつけて反対してきます。その結果、多大なエネルギーを要する作業となってしまいます。

そして既得権にもいろいろあります。例えば仮に、年間10億円をもらっている人が100人いるという既得権があったとします。この状況は既得権者が少数で莫大な利益を得ているので、その追及や改善は行いやすいと思います。しかしこれが、仮に年収として700万円もらっている人が、10万人いるという構図になると打破することはとても困難なものになります。日本国民の平均年収約400万円からすれば高い金額ですが、莫大な利益を得ているというレベルではありません。もしかしたら自分たちが既得権者だという意識すらないかもしれません。そしてその既得権者にはご家族がいることがほとんどなので、その権益を取り上げられたら生活がままならなくなる可能性があります。ですから、その既得権者たちは必死で抵抗します。こうなってくるとその構造を打破することは困難になります。それでも「えい、やー！」で権力者が実力行使をするか、諦めるか、はたまた別の権益とトレードをして折り合いをつけるか、解決方法は、さまざまですが、大人の事情で調整が図られます。

その解決手段が、社会や公共の全体にとってプラスになれば良いのですが、一部の人だけに利益がもたらされる構造になるのであれば、それはやはり改革をしなければなりません。

政治ではいつもこうした利害関係者同士の綱引きでバランスが取られます。

ただ一般国民のほとんどがこの綱引きにすら参加できていないように感じるので、僕は、前述でも記載をした通り、広く一般の生活者の方々の目線と立場でみんなの生活を平和で豊かなものにする方向に綱を引きたいと思います。

中谷一馬が行く!!
県議会議員のとある一日
議会報告レポートまんが
起床
5:30
今日もがんばるぞ!
朝食
6:00
新横浜駅
6:30
議会報告演説会
弁士
神奈川県議会議員
中谷一馬
街頭活動
県庁登庁
9:00
政務調査会
総務会
部会長会議
9:30
民主党・かながわクラブは今回この案で行きましょう!
会派内調整の話し合いです
常任委員会・特別委員会
予算委員会
10:30
はい委員長!
中谷委員!
各種委員会にて政策議論を行っています
昼食 兼
民主党・かながわクラブ県議団会議
12:00
団会議は食事しながら行います
食事時間も休憩せずに会議です
神奈川県議会
本会議
13:00
あれー寝てる人がいるぞ!
ZZz…
ぐぉー
はい!議長!
中谷議員!
各種議員連盟
会合
16:30
様々な会派の議員が集まりチーム神奈川で諸問題の解決に取り組みます
地元タウン
ミーティング
18:00
県民の皆様からご意見ご要望を伺います
あそこに信号をつけて!
保育園をふやして!
もっと防災対策を!
私に任せて下さい!
夕食 兼
各種会合
20:00
期待してるよ!頑張って!
わい
帰宅
22:00
大勢の人と様々な議論を行い
1日が終わります
就寝
23:00
明日も一日がんばるぞ!
また明日へ!
ご意見ご要望はこちらまで!
中谷一馬事務所
〒223-0066
横浜市港北区高田西5-1-7
TEL:045-534-9624
FAX:045-534-9625
Email:info@kazumanakatani.com
HP:http://kazumanakatani.com/inquiry
中谷 一馬

毎朝6時半から街頭活動。新米議員の一日のスケジュール

当選と同時に僕は、また新たなスタート地点に立たせてもらったつもりで、新人議員として、日々の仕事に全力で取り組みました。

いつも心に刻んで決して忘れないようにしていたのは政治家・中谷一馬としての身分は、あのときの、有権者の方々からの信任によってのみ保障されている、ということでした。

「政治家は、落ちればタダの人」などと言われますが、その通りどころかタダの人以下でもあることを痛感しています。

学生が学期ごとに試験を受けるように、任期が終わったり、議会が解散されたりすれば、議員も任を解かれます。職業として考えれば失業することになるのです。そして、もう一度、信任テストを受けなければなりません。

これは、正直、政治家にとっては、大変厳しい試練でありシステムです。でも、あ

たりまえのことです。国会議員であれ地方議員であれ、政治家の「活動費」と「報酬」は、税金により賄われているからです。

そして政治家の職務は「政策の提言から実現に至るまで」です。これは、税金の使い道を決めるということに他なりません。道路や橋をつくったり、教育や医療に対する助成をしたり、現実的に何らかの政策を実施するには、費用がかかります。それらは、国民が支払った税金によって賄われるのです。

国民の代表・代弁者として、選出された議員が議会において税金の使い道を意思決定します。それを行政府が実際の執行者として実施・実行していくのです。国民目線からすれば、行政に係わる公務員もやはり同じように問われるはずです。

■政治家・公務員（行政）＝使う人。

■国民＝払う人。

そう考えれば、政治や行政に係わる人が国民のチェックを受けるのは当然。むしろ歓迎しなければいけないでしょう。個人も組織も、常に100%の自浄能力を発揮できるなら、話は別です。しかし、現実はそうはなりません。それは子どもにもわかります。歴史上、権力はチェックを怠れば必ず腐敗します。

どこかに、ムダや非効率、お手盛り、ひいては癒着や談合の温床さえ生まれてしまう可能性があるのです。

だからこそ、国民・政治・行政が、三者三様の健全なチェック機能を果たすことが大切です。

そのためには、あらゆる領域で可能な限りの見える化(透明化・可視化)・オープン化を進めることが何よりの第一歩だと僕は提言し続けています。

神奈川県議会議員に当選したばかりのころ、新人議員の一日は朝5時半の起床からスタートしました。6時半には選挙区内各所で街頭活動を行い、住民の皆様に県議会や政治の世界で起こっていることを報告すると同時に話しかけてくださる皆様からのご意見ご要望を承りました。そしてこの街頭活動は、2010年9月から2017年1月現在の今でも一年365時間を目標に続けており、6年余経った今は、延べ25

00時間を超えました。昼間は普通の会社員と同じように議会に登庁していることが多かったので、基本的に有権者の皆様に活動報告をするのは、平日の早朝、夕方以降か休日になります。

議会へは、午前9時ごろに登庁します。そして午前中は、会派内での調整のための打ち合わせや県議会本会議や各種委員会。昼食は、ほとんど民主党県議団とのミーティングを兼ねてとりました。

午後も県議会本会議や各種委員会があります。その他にも、当局との各種打ち合わせや議員連盟の会合、各種審議会など。ここでは党派を超えた議員が集まり、神奈川の諸問題に取り組みます。

時には、各地の集会やイベントに呼ばれることもありましたが、神奈川県議会内での新人議員の一日はざっとこんな感じでした。

夜は6時ごろから、地元でタウンミーティングや懇親意見交換会を行います。終わってようやく夕食へ、となりますが、これも会合を兼ねていることが多いのです。地域の皆様の要望や意見をうかがうのは政治家の大切な仕事です。

こうした中で、議会での質問の下準備をし、自らの政策提言作りも進めなければなりません。各法案や政策案についても勉強し、情報も収集します。判断が難しい場合には、現地まで視察に行くこともあります。

政治の課題は、人々の暮らしそのものですから、多岐にわたります。当然、それぞれに得意分野・不得意分野は出てきます。状況も刻々と変化します。議員も常に学んでいかなければなりません。やるべきことはいくらでもあるので、時間がどれだけあっても足りなくなります。

地方議員は、形式上、非常勤であり、兼業も認められています。だから、活動スタイルはさまざまです。世襲で議員をしている人もいれば、地方で古くから家業を営んでいる人もいます。特に地方には多いようです。

その点、僕は、政治を生業とする専業の議員でした。他に仕事など持っていなかったので、お金も全て政治家としての収支で賄わなければなりません。

議員の報酬は高いのか、安いのか!?

政治家の収入と言えば、議員報酬、寄付、地方議員は政務活動費、国会議員は文書通信交通滞在費などです。神奈川県議会議員の場合、「議員報酬」は当時約90万2100円（2013年）でした。ここから会社員と同じように税金や社会保険料が差し引かれ、おおよそ半分くらいの金額が手取りになります。

県議会議員時代の政務活動費は、ほとんど事務所経費やスタッフの人件費などに消えてしまいます。政策作りのための調査、勉強、説明責任を果たすための広報活動、告知などを考えるととても足りません。

また、舞台が衆議院議員小選挙区になると、選挙区が倍近い広さになりましたので、人件費、事務所費、広報費などを含め、さまざまな経費を考えると毎月100万円くらいの資金が必要になります。少しでも積極的に政治活動をしようと思ったら、その分の経費を何とか確保しなければならないということです。だから僕も「中谷一馬を応援する会」という後援会を作り、寄付を募っていました。

収支を会社にたとえるなら、これらの収入合計は「売上」に相当しますが、「支出」も非常に多く、手取りのお給料のような「利益」ではありません。これが高いのか、安いのか？　さまざまな意見があると思いますが、まともに議会・政治活動をしようと思えば収支はカツカツの状態です。

そしてこの金額には、僕の生活費は入っていません。ですから、僕の議員現職時代からの生活も質素なものでした。

2LDKSの家に県議会議員候補の同期だった奈良甲介さんと秘書の風間良さんと3人で同居をしていました。奈良さんは結婚して、独立しましたので、今は2人となりましたが、当時の家賃は1人月4万5000円程度、僕自身マイカーは所有せず、プライベートな用事があるときには同居人の仲間の車を少し借りていました。地元ではいつも近所の中華料理屋さんか牛丼屋さんにいるねと言われるほどで、今時の若者たちとあまり変わりのない生活水準でした。そして現在の国会議員の選挙区は、県議会議員時代の倍近くの広さになり、浪人中で議員としての収入がなくなったので、公私共に財政状況はとても苦しいのが本音です。

また、政治家は、社会的な風潮として原則、経費決済が認められていません。飲食費などの交際費は特に世論からご指摘を頂くポイントであると思います。ですから、有権者の方々と会合したり、食事をしたりしたとき、自分のポケットマネーから支払います。

政治家だからと言って、いつも支援者に御馳走になっているわけではありません。そして逆にこちらが御馳走をすると買収になる恐れがあります。

それなら、夜に飲み食いなどの活動をしなければいいじゃないか。どうせ、自分の選挙のためだろう？　と思う人もいるでしょう。しかし、そう簡単な話でもないのです。何より、僕たちには、昼間はほとんど時間がありません。多くの会社員と同様に昼間はバタバタと働いているからです。その上で、政治家の仕事とは、国民の代弁者として、人々の声を拾って、政策に活かすことから始まりますから、さまざまな人に会わないわけにはいきません。

特に僕は、前述のように「サイレント・マジョリティ」と呼ばれる人々の意見をもっと政治に反映したいと考えています。このサイレント・マジョリティが、最も一般的な生活者ではないかと考えています。

しかし、残念なことに、この呼称のごとく、現在この層の人々はなかなか声を上げません。根強い政治不信の中で「政治には何を言っても変わらない」と失望してしまったのかもしれません。

政治というのは、このようにお金のこと一つでも難しいものです。

一人ひとりが政治に興味を持つことが社会を変える第一歩

皆様は、自分が一票を投じた政治家が普段どんな仕事をしているのかご存知でしょうか？

例えば居眠りをしている政治家は、本人が悪いのか、居眠りをするような政治家を選んでいる僕たち国民一人ひとりに責任があるのか。僕たちは真剣に考えていかなければなりません。

自らが一票を投じた議員・政治家が普段どんな活動をしているのか？　どんな法案に賛成し、反対したのか？　また、議会でどんな質問をしたのか？　そうしたことは、折に触れチェックして頂きたいと思います。

議会を傍聴することもできますし、ネット上で調べることも可能です。むしろ自分が票を投じた議員が活動を皆様にきちんと知らせていないとすれば、それは大きな問題です。政治家には説明責任があります。そんなときは、地元の議員に直接質問してほしいのです。「あなたは、任期中に何をすべく活動しているのか？　どんな政策を実現した政治家なのか？」ということを。こうした国民の行動は、政治や行政の襟を正すことに繋がり、その質が向上するのです。住民の不信感も払拭されるでしょう。政治家や公務員も成長できます。国民一人ひとりが政治に興味を持つことは、政治を取り巻く環境の全てにおいてプラスのベクトルへ進むことが期待できるのです。また、政治行政で行われている事象がネット上でアクセス可能になっているとはいえ、まだまだ、情報量的にも利便性的にも不十分です。それを改善するため僕は引き続き「ＩＣＴ（情報通信技術）化の推進」を提言し、より情報の公開を進め、政治行政の見える化を図っていきたいと思います。

県議会議員になって学んだ政治家に必要な能力

僕は神奈川県議会議員になり、政治家に必要な能力には、大きく3つあると学びました。

1　選挙力
2　政治力
3　政策力

この3つであり、この順番です。
どれか一つが欠けても、自分の考える政策を自らが実現することはできません。
また、上位能力を補えていなければ、下位能力を発揮することができません。

選挙力とは言うまでもなく、選挙を勝ち抜き政治家としてあり続ける能力です。

政治家は常に選挙という信任テストを受け続けなければいけません。判断し投票するのは国民です。選挙という試練をくぐり抜けた人のみ、政治家となれるのです。

この力がなければ、その現場にいることもできません。どんなに素晴らしいビジョンを持っていても意味がないのです。しかし、この選挙力のみを至上命題とする「政治屋」的な発想は好きになれません。あたりまえの話ですが、政治家にとって政治家になることが最終目的ではなく、理想とする政策を実現することが目的であるはずです。

族議員、利益誘導型の政治……という言い方があります。地元に道路を作ったり、橋を架けたり。あるいは、自らの支援団体に政治的便宜を図ったり。必要なこともあるかもしれませんが、本当にこれで良いのでしょうか。

小さなことで言えば、例えば地元でこんな話を聞くことがあります。

「あの先生は、いつも地元にいてくれて、お祭りがあれば焼きソバ焼いてくれたり、ドブ掃除まで手伝ってくれて。この前も朝まで飲んで語り明かしたけどホントいい人だよ」

このようにいつも地元にいて、人の集まる所にはマメに顔を出したりする政治家には、情も絡むし、投票行動にも繋がるかもしれません。もちろんこれらを否定するわけではありませんし、僕も誰よりも地元を歩いている一人です。

しかし、こうした方が本来の仕事や役割をきちんと果たせているのかということをご存知でしょうか？　例えば、朝まで飲んで語り明かした次の日、居眠りをせずにしっかりと議会で仕事ができているのでしょうか。

政治家にとって、選挙は絶え間ない試練であり、場合によっては当人にとって死活問題にさえなります。当然地域を歩いて国民の声を聞くことも非常に重要です。

しかし、選挙とは国や地域を担う人材の選択の場でもあります。その観点で言えば議員は、国民の代弁者としてしっかりと議会での活動を優先すべきでしょう。国民が期待している政策を議会で実現するのが、議員の本来の役割であり、使命です。

そして有権者にはそれを理解し、本当に自分たちの生活を良くしてくれるのは誰なのかをしっかりと判断して頂かなければなりません。

2番目の政治力は、実行に移す力、物事を実現する能力です。

自分の政策を実現したいと考えても、この能力がなければ、思うように前には進みません。特に民主主義社会のルールでは、基本的に自身の考え方を多数派にしないと、具現化できないことも多いのが実情です。

世の中には、さまざまな意見と多様な価値観があり、意見が違うからと言って、子どものころのようにケンカばかりしていても現実は動きません。

どんなに正しいことを言っても選挙力・政治力を持たないまま政策を推し進めようとする人は、議会内で少数派になりがちで結果として政策が実現できないのです。

正論を唱え続けて突き進むことが必ずしも正解への近道ではありません。最短距離と最速距離はイコールではないのです。

例えば、ビルの10階にいたとします。何らかの緊急事態が起こり、できるだけ早く、隣のビルの10階に行きたいと思ったとします。そのとき、最短距離で言えば、そのまま直線を結ぶことです。

しかし、ヘリコプターをチャーターする能力や橋を架けたりする特殊能力がない限りは、現実的には、汗をかきながら階段で1階まで下りて、横断歩道を渡って、隣のビルまで行き10階に上るしかありません。

遠回りをしているように見えても、結果的には、そのルートが最速で着実なルートだったりすることも大いにあり得るのです。

優先順位をつけ、手順を図って一歩ずつ実現に向かっていく。政治力という語感には、駆け引きめいたニュアンスも微妙に含まれ、かすかにネガティブな印象もありますが、粘り強く現実を動かしていく力、またその意志と意義を意見の違う相手にも伝え説得していく力と定義すれば、やはり政治家には不可欠な能力です。

3番目の政策力は、本来これこそが政治家やリーダーに求められる大前提の資質であり、国民が一番求める能力でしょう。

これからの時代の政治家に求められている政策力は、すでにある知識を組み合わせて新しいことを生み出す応用的なクリエイティブ能力と問題を分解・分析して解決策を導く具現性の高いコンサルティング能力、そして激変するさまざまな新しい情報を既知の知識と組み合わせて時代のニーズに素早く対応する環境適応能力です。

その中で明確な将来のビジョンを示し、正しいロードマップを描く。状況を正確に把握し、想像力を働かせ、方向性、方法論、対策を組み立て、実現させる能力が政策力には必要です。

そして、政策力には、単に能力だけではなく、理想と志が裏付けされていなければなりません。

仲間であって、ライバル同士。議員間の意外な関係性

政治の世界に入って「おもしろいな」と思ったのは、仲間が必ずしも仲間ではないということです。皆様にも自民党と民進党が与野党で戦っているイメージがあると思いますが、それよりも熾烈な戦いを繰り広げているのが党の内部なのです。

政党は組織ですが、議員は地域から有権者の付託を受けた一国一城の主です。政党内の議員関係というのは、呉越同舟のようなところがあります。呉越同舟は、敵同士でも利害が一致すれば協力し合うことを意味しますが、まさにそんな感じなのです。

議員が、有権者と約束した政策を実現したいと思えば、政治力が必要です。そのためには、政党の力が欠かせません。そういう意味では利害が一致しているわけです。しかし、党内で議論がぶつかるときもあります。意見がぶつかったときに自分の意見をどのようにして政党としての意見にするのかというのも政治家としての腕の見せどころです。

どれだけ正しいことを言っても全体の過半数の議員からの合意形成がなければ物事は前に進みません。正しいことを論理的にしっかりと伝えれば、合意形成はついてくると勘違いをしていた甘ちゃんの僕にとっては、大きなカルチャーショックでした。

義理人情、貸し借り、ムダなことは言わない、口に出した約束は守る。ある意味あたりまえのことですが、人間関係が物事を動かす議員同士の世界ではこうしたことが特に重要になります。

自分がやりたい政策を実現するためには、周囲からの「この人が言うなら」という評価をしっかりと確立していかなければなりません。

また、党内部の役職も限られています。席の数が決まっているわけです。議長になれる人や、役員になれる人はごく一部。その席を巡ってしのぎを削っています。だから、協力し合っているように見えても一枚岩ではない部分が見え隠れするのです。

同じ政党でも自民党は、その辺の采配がうまい。喧喧囂囂《けんけんごうごう》と議論はしますが、党として意思決定したことには、全ての人が従う風土があります。なかにはその決定が間違っていると思っている人もいますが、従うのです。だからこそ、どういう形にしろ前に進んでいきます。落としどころを見つけ、妥協するということを知っている人たちなんだと思います。

しかし残念ながら民主党という政党では、それが必ずしもできていませんでした。真面目すぎるくらい真面目で意思が強固な人が多かったので、決定前にも激しく議論しますが、決まってからも自浄作用を働かせようと、おかしいと思っていることはおかしいと言い続けるのです。結果としてまとまって一つの方向性に進めないことが多々ありました。だから多くの人には「民主党は何をやっているんだよ」と見えてしまったのだと思います。

こうした環境なので、先輩から一つひとつ丁寧に指導を頂きながら何かを覚えるというような場所ではなく、最低限の党や会派全体に迷惑をかけない基礎的なルールのみを教えてもらい、後は先輩たちの仕草を見取り稽古的に一挙手一投足に至るまで見様見真似で学びました。

特に参考にしたのは、齋藤健夫さん、近藤大輔さん、長友克洋さん、寺崎雄介さんの政治的な動き。思考の深さを勉強させて頂きました。また政策は、会派が違いましたが、敷田博昭さん、菅原直敏さんから多くのことを学びました。

挙げれば他にもキリがありませんが、党派を超えて神奈川県議会の多くの先輩同僚からたくさんのことを学ばせて頂きました。

マニフェスト大賞で最優秀政策提言賞を受賞

手前味噌な話で恐縮ですが、僕は、２０１２年マニフェスト大賞で最優秀政策提言賞を頂きました。これは、全国の超党派の議員の中で、その年に一番優れた政策を提言した議員に贈られるものです。そのときに提言したのは「新世代における地方自治体の未来モデル構想」でした。その中で提案し、実用化されたものに「リバースオークション」があります。

国と並んで、現在多くの自治体の財政も困難な状況にあります。神奈川県も例外ではありません。それどころか、「緊急財政対策」を打ち出さなければならないほどの危機に直面しています。国も自治体も借金して財政運営してきたツケが、今まさに回ってきているのです。

この状態を身近な状況にたとえると月40万円の収入しかないのに、あれもしたい、これもしたいと毎月60万円の借金をして１００万円を使い続け、総額１０００万円の借金を抱えてしまったという状況です。

「未来を担保に入れて、借金をして、目先の生活をしている」状況です。冷静に考えれば、この状況がおかしいということは一目瞭然です。ムダな支出はカットすべきです。

こうしたムダな支出を劇的にカットできる方法が「リバースオークション」です。

従来から国や自治体は、調達を行う際に相見積をとるなどはしていましたが、アナログ的な交渉の場には、前例や慣習、関係性など、私情の入り込む余地があります。必ずしも最適価格でなくなっていたのです。

その中で採用された「リバースオークション」とは、簡単に言えば、買い手が売り手同士を競わせて、売値を下げてもらい、一番安い売り手を選定し、そこから調達を行うオークションのことを言います。

具体的に言えば、国や自治体が何か物品を購入したいとき、公平透明な場で業者同士が公開の競り下げ方式の入札競争を行い、最も安い業者から買うというものです。

考えてみれば、ごくあたりまえの発想です。

通常のオークションでは、売り手が買い手同士を競わせて一番高く買ってくれる人や業者を選定するので、その逆で、競り下げ入札、リバースオークションと言われます。

すでに政府も取り入れ、平均で約17％、神奈川県では平均20％前後のコストダウンが実現しました。

例えば、相模三川公園の太陽光パネル設置費用においては、当初予定価格よりも49・9％オフ。約半額という劇的な効果をもたらしました。現在ではトータル約20億円の予算を捻出できたと聞いています。

僕は、仕事において自分が組織から受け取っている報酬よりも必ず定量的な成果を出したいというこだわりがありましたので、少しホッとしました。

このように、僕の政策提言は多くが採用され、形になっていきました。

約4年間で100件以上の政策提言をし、その80％以上が前進・実現へと向かいました。

このリバースオークションも、マニフェスト大賞で社会的注目を浴びたからこそやりやすかったとも言えます。

　実際のムダや非効率は、あまり注目されていない部分にも潜んでいることが多いものです。大きな組織であればなおさら、その内部変革には時間とエネルギーが必要です。

　神奈川県は東京都に次いで第2位の人口約900万人を擁し、その予算規模は約2兆円という巨大な地方自治体です。課題は多くあります。

　政治家は、行政のチェック機能を担っています。だからと言って、いつもそのアラ探しだけをしているわけではありません。本来、政治と行

六本木アカデミーヒルズにて、マニフェスト大賞最優秀政策提言賞受賞の挨拶

政はお互いにPDCAサイクルを回しながら、時には侃侃諤諤《かんかんがくがく》の議論を行い、時には一致協力して、一体となって将来のビジョンを作り、実現させていかねばならないのです。

こうした僕の推奨する行財政改革の手法を国でも活用することができれば、数兆円規模の予算捻出も夢物語ではなく、現実的に実現可能です。

国会で仕事をさせて頂くことができたときには、必ず実行していきたいと思います。

世界経済フォーラム（通称：ダボス会議）のメンバーに選出される

2011年9月4日のことでした。ドットジェイピーの理事長である佐藤大吾さんと学生時代からの友人である大阪維新の会の飯田哲史大阪市議らと食事をしていたときのことです。大吾さんがこう切り出しました。

「ダボス会議で有名なWorld Economic Forum（WEF）がGlobal Shapers Community

世界経済フォーラム（ダボス会議）の日本代表メンバーに選出して頂きました。未来を素晴らしい世界にしていきたいという熱い志を持ったメンバーたちと活動を行うことができてとても有意義でした

（GSC）っていう30歳以下（後に33歳以下となった）の各国代表チームを新設してメンバーを選抜することになったんだ。それで誰かを推薦しなきゃいけないんだけど……」

英語が苦手な僕は〝ぐろーばるしぇいぱー？　なんだそれは？〟と思い、聞き流していました。すると大吾さんは、こう続けたのです。

「そうや！　おまえら推薦したるからやってみたらどうや？」

飯田くんは、「何がなんだかよくわからないから僕はええですわぁ」と断っていましたが、逆に僕は、何がなんだかよくわからなくておもしろそうだと思い、「是非、お願いします」と伝え、推薦をして頂くことになりました。

ただ、家に帰って調べてみると、先輩の40歳以下の各国代表チームとなるYoung Global Leaders（YGL）には、小泉進次郎さんや橋下徹さん、Mr. Childrenの桜井和寿さん、サッカーの中田英寿さんなど、レベルが違いすぎる格上の人たちの名前がずらりと並んでいました。「こりゃさすがに厳しいな」と思っていたら、なぜか「あなたは、Global Shapers 2011に選ばれました」というメールが届いたのです。

なぜ、僕のような名もない地方議員を選出してくれたのかと不思議に思いながらも、日本の地方議員がGlobal Shapersなどの World Economic Forumメンバーに選ばれたのは史上初だったそうで、とても光栄に思いました。

また、同じ時期に選ばれたメンバーも錚々たる面々でした。貧困の世代間連鎖を教育で断ち切ろうと尽力している「Teach For Japan」の松田悠介くん。〝留職〟という言葉を世の中に初めて作り出したクロスフィールズの小沼大地くん。フェアトレードの精神に則って取引されたエシカルなジュエリー事

ダボス会議のGSC（33歳以下の日本代表メンバー）で行っていた東日本大震災被災地での復興支援活動がNHK Bizスポで取り上げられました

業で世界の貧困に挑むＨＡＳＵＮＡの白木夏子さん。心臓外科に革命をもたらしたイービーエムの朴栄光さん。その後、２０１２年以降にも史上最年少で東証一部に上場した起業家やオリンピックの銀メダリストなど、挙げればキリがないくらいの20代で活躍しているメンバーが選出され、同世代のエースたちを前にしたときに、自分自身も頑張らなくてはと非常に身が引き締まる思いでした。

ただ、英語が苦手な僕は会議の中でも凄く苦労をしました。当時選ばれたメンバーの中で英語をほとんど話すこ

宮城県気仙沼市にて、ノーベル平和賞を受賞したグラミン銀行創設者のムハマド・ユヌスさんとの意見交換

とができなかったのは、多分僕一人だけだったと思います。それでもなんとかしようと短期で語学留学をしたりしながらコツコツ勉強をし始めました。

このコミュニティのミーティングに参加をすると、本当に元気を充電させてもらえます。みんな夢と希望を持って社会を良くしていきたいと目を輝かせて全力で突き進んでいて、ポジティブなエネルギーに満ち溢れているからでしょう。

この仲間たちと出会えたことは僕にとって宝物であり、心から感謝しています。

僕は政治家として、彼ら一人ひとりが社会を良くするために実現しようとして

日米青年政治指導者交流プログラムの日本代表としてデンバー市長と会談

いる取り組みをしっかりと支援し、みんなの力で素晴らしい未来を創っていきたいと思っています。

第3章
なぜ国政を目指すのか

県議会の1年生議員が衆議院議員選挙の公認候補を目指す道のり

２０１４年12月に第47回衆議院議員選挙が行われました。その1年ほど前のことです。

次の選挙で出馬すると目されていた首藤信彦さんが民主党の公認が取れず、離党をしてしまいました。僕にとってはお世話になった方でしたので、とても残念でした。衆議院議員選挙で僕の所属する選挙区は、横浜市港北区と都筑区をカバーしている神奈川7区です。首藤さんの離党で神奈川７区では、民主党の衆議院議員候補となる総支部長のポストが空席になってしまいました。

それで、地元では「どうしようか」ということになりました。

僕の選挙区で一番のベテランは、県議会議員の先輩であった計屋珠江さんでした。このような場合、本来は、計屋さんのような大先輩に衆議院議員候補になって頂くという声が上がるもので、現に一部の議員からもそうした声が上がっていました。また当時、横浜市港北区選出の市会議員を3期務め、地元の有権者の皆様が「中谷くんは、彼を見習いなさい」と言うほどの誰もが一目置く先輩がいました。大山正治さんです。年齢も40代半ばですから、脂が乗っている時期ですし、人柄も良く、しっかりと地に足をつけた政策を持っている方です。

僕は、大山さんが候補になるものだと実は思っていました。

そんなあるとき、大山さんに呼ばれました。

「中谷さん、ちょっと話せますか?」

僕はすかさず「もちろんです」と応答し、2人でお茶を飲みに行きました。

そして大山さんはこう切り出しました。

「首藤さんの離党で、総支部長が不在になっちゃったから、次の総支部長をどうしようかと考えているんだ」

「僕も同じことを考えていました」と呼応すると、大山さんから思いもよらない言葉が飛び出しました。

「俺は、中谷、おまえがいいと思っているんだ」

正直、驚きました。そこで僕はこう切り返しました。

「いやいや僕じゃなくて、大山先生こそ総支部長になるべきじゃないですか」

すると、大山さんは、「その気は全くない」と、はっきりした口調で言いました。

しかし、地元から候補を出せなければ、民主党の本部から落下傘のように候補者が降りてくることになります。それでは、地元の仲間たちも本気で応援できません。大山さんもそれを気にしていました。そして大山さんから、

「中谷が100点の候補者だとは思わないけど、人の話は素直によく聞くし、よく頑張っている。もし、おまえが決断するんだったら俺は応援したいと思っている」

と言って頂いたのです。

ただ、僕も当時は県議会議員でしたから、立候補するためには、あたりまえですが辞職しなければなりません。国政で落選すれば職を失ってしまいます。収入もなくなります。自分のことはもちろんですが、抱えているスタッフまで路頭に迷うことを考えれば、簡単に決断はできません。落選後にもう一度、県議会議員選挙に出て、県議会議員になるという方法もないわけではありませんが、応援してくれた人から見れば、

「おまえふざけんな！　落選したから戻るってなんだよ」ということにふつうはなってしまいます。

実際、選挙で僕と戦った維新の党の候補者は、横浜市会議員でしたが、衆議院議員選挙で落選し、次の地方選挙で市議会議員に返り咲きました。維新の党内では、市会議員に戻らない不退転の覚悟で国政を目指すから応援してほしいと息巻いていたこともあって、議会からも地域からも相当な反発を受けていたという話を聞きました。

僕の県議会議員時代の選挙区で言えば、同じ選挙区で4人の人が当選する選挙区です。となると、同じ党から候補が2人出ることもあります。そうなると、身内同士で戦わなくてはなりません。

衆議院議員選挙では、そのライバルだった身内の人たちからも支援者を紹介して頂いたり、応援をしてもらったりするわけです。ある意味、その人たちの票を分け与えてもらうということにもなります。それがまた、ライバルになるということになったら、納得できないのは当然です。ですから僕には、その状況で県議会議員に戻るという選択は、当然ですが、できません。地方議員から国政を目指すということはそれだけ覚悟がいるということです。

そんなこんなで、いったん持ち帰らせて頂き、どうしようかと思い悩んでいるとき、噂を聞きつけて声をかけてくれた先輩がいました。横浜市都筑区選出の県議会議員である山口裕子さんです。

「あなた、総支部長に名乗りをあげようか悩んでるんだって!?」

なんでそんな話を知っているんだと驚きながらも、

「そうなんです」

と相槌を打つと、山口さんは、レオナルド・ダ・ヴィンチの言葉を引用して、

「幸運の女神には、前髪しかない。うかうかしているとチャンスが通り過ぎるわよ。チャンスを摑むのは一瞬。決断するなら私も応援してあげるから頑張りなさい」

と強く温かい言葉をかけてくださいました。

地方議員から国会を目指すことは、どんな状況でも非常に難しい決断です。

僕の場合で言えば、「1期生で国政なんてまだ早いだろう」とか「30歳ではまだ若すぎる」など周囲の方からご指摘を頂くこともありました。

しかし、周囲の先輩たちの中で、3期から4期地方議員を務め、年齢も40代の一番脂が乗っていると言われる時期に、本人は国政を目指したい気持ちがあるにもかかわらず、上に現職の国会議員がいて出られないという光景を僕も目の当たりにしてきました。そんなことを考えながら、

「無謀でも背伸びをしてもチャンスが目の前に来たのなら背を向けたくない」

という想いが日に日に強くなりました。

そして「ここでやらなきゃいつやるんだ。やらずに後悔するよりも、やって反省する方が次に繋がる」。そう決心した僕は国政への道に向けて歩き始めました。

まずは、港北区・都筑区の同じ総支部の仲間である県議会議員の計屋珠江さん、山口裕子さん、市会議員の川口珠江さん、大山正治さんに、総支部長を目指したい意向を伝えました。総支部内では、概ね了承を頂くことができましたが、これで決まるわけではありません。

総支部の中で方向性を決めたら、まずはその意向を神奈川県連に伝えます。そして、県連で審査を頂いた後に本部へ上申し、本部が「中谷でいいよ」ということになって

初めて、総支部長の決定と次期衆議院議員選挙の公認がもらえるのです。その間にもさまざまな人間模様があります。

総支部から県連へ　~滝田孝徳県連幹事長~

僕は、まず神奈川県連の幹事長を務めていた滝田孝徳さんに国政を目指したい旨を伝えに行きました。滝田さんは、川崎市中原区選出の県議会議員で一見強面なルックスですが、仲間たちを常に気遣う繊細さを持ち合わせた心優しい人物です。また、懐が深く義理人情に厚い義侠心に溢れた方であり、僕が最も尊敬している先輩の一人です。

しかし、その滝田さんも最初は厳しい反応でした。

「俺は、中谷が国政を目指せるまで政治家として成熟しているとは思えない」

とハッキリ言われました。

それまでに滝田さんに迷惑をかけたことも多く、未熟者であることは確かでしたので、そのときは返す言葉もありませんでした。

それでもなんとか名誉挽回して滝田さんに認めて頂かなければならない。そんな想いで何度か滝田さんに話を聞いて頂きました。そして後日、偶然にも滝田さんと2人で視察に行く機会がありました。視察先が北海道でしたので、道内の移動だけでも往復で10時間程度かかる行程であり、長い時間、車で移動することになりました。

その間、滝田さんともいろいろな話をすることができました。僕もありったけの想いをぶつけました。すると滝田さんが、

「国を変えたいという明確なビジョンと多くの人々のために尽くす覚悟があるのがわかった。俺は中谷のことを応援するよ」

と言ってくれました。誠意が伝わったことがただただうれしかった雪道でのドライブでした。

それから滝田さんは、あらゆる場面で僕のことを気にかけてくださり、困ったときに相談に行くと嫌な顔ひとつせず、いつも丁寧に指導をしてくれました。

滝田さんは、いいかげんな口約束はしない人です。一度口にした約束は必ず守り、実行する人であり、「応援する」の言葉通り、その後は、本部がスムーズに公認をしてくれるような仕掛けづくりや段取りなど一貫して全面的に支援してくれました。

政治家としての立ち振る舞い、政局の見方や対応の仕方、わかっていなかった政治のイロハを教えてくれた滝田さんには、今でも心から感謝しています。

そして、滝田さんから神奈川県連の代表を務めていた参議院議員の金子洋一さんに話を通して頂き、金子さんからも応援を頂けることになりました。

金子さんは、気が優しくて力持ち、困っている人がいると放っておけない、そんな人柄の方でありましたから、非常にありがたい存在でした。

県連から本部に公認申請の上申を行う際には、選挙対策委員会での採決が必要になります。

僕の公認申請が議論されたときにも、中谷ではダメだということを仰る方がいらっしゃったと聞いています。そんな状況でも「地元総支部も中谷で一致しているし、中谷は、よく頑張っているから中谷でいこう」と押し切ってくれた人たちが、金子洋一さん、滝田孝徳さん、そして相模原市議会議員の鈴木秀成さんでした。この方々には感謝してもしきれません。

こうしてようやく僕の公認申請は県連から本部に上申をして頂けることとなりました。

公認候補になるための厳しい条件 ～馬淵澄夫選対委員長～

総支部、県連では、僕が候補者になるという方向性が固まりました。しかしそれと党本部の公認がもらえるかどうかというのは別問題です。僕は幸い、総支部の仲間が全員名を連ねて「中谷で公認をお願いします」という血判状を党本部に提出してくださっていたので、審査基準の中ではプラスに捉えて頂ける材料になったとは思いますが、それも決定的なものにはなりません。

最終的に党本部から公認をもらうときには、事前審査もあります。やはり党本部としては勝てる候補者でなければ公認する意味がないからです。

僕が公認申請を行った当時は、元国土交通大臣の馬淵澄夫さんが党本部の選対委員長を務めていました。現在も大変お世話になっている方で、とても尊敬している人物です。

その馬淵さんが公認前に地元に足を運んでくださり、「中谷くんの活動はどうですか、ちゃんとやっていますか」という総支部メンバーへのヒアリングに加え、活動内容を確認してくださいました。その上で公認する条件として3つのことを提示されました。

・100時間の街頭活動
・5000軒の支援者宅訪問
・政治活動用ポスター200枚の純増

これを2カ月以内に行うことができれば公認を出すという宿題を頂きました。相当高いハードルです。ふつうに考えれば達成が容易なノルマではありません。それでもやるしかないのです。仲間をかき集めて、必死で頑張りました。

　そして、なんとかノルマを達成しました。馬淵さんもそれを見て「じゃあ中谷でいくぞ」と決定してくれました。最終的にやっと公認候補となることができたのです。

　僕が衆議院議員選挙に挑戦をしようと思ったのが、2013年末のことです。

民進党本部にて馬淵澄夫選対委員長と

そして正式に公認が出たのは2014年の9月です。結局、1年弱かかったということになります。長い道のりでしたが、やっとスタート台に立てたそんな時期でした。

「選んだ道が正解かどうかは誰にもわからない。しかし、選んだ道をどのように正解にするのかは全て自分の行動にかかっている」

そんなことを考えながら新たな一歩を踏み出しました。

解散総選挙は突然に

そして、解散総選挙はすぐにやってきました。

2014年の12月です。そんなに早く選挙があるとは思っていなかったのが本音です。

正直、2015年の夏か2016年の春・夏辺りが本命だろうと思っていましたから、それを前提に準備を始めるつもりでした。

仲間たちも「俺たちの統一地方選挙の方が先なんだから、できる限り党や議会の仕事のサポートを頼むぞ」というような感じで、政党や議会での仕事も溢れるほどでした。

党務は、青年委員会、広報委員会、IT戦略対策本部の仕事に総支部運営。議会では、常任委員会、特別委員会、政務調査会、総務会、決算特別委員会、審議会、本会議での質問。大体の方が党務を一つから2つ、議会で2つから3つくらいの仕事を年間に受けるような中で、倍以上のタスクボリュームでしたから選挙対策どころではなくアップアップでなんとか仕事をこなしている、そんな状況でした。

巷では、「解散するなんてあり得ないだろう」「大義も理由も何もないし、何のために解散するんだ」「解散する確率は1割もない」と仰る方もいた状況下で、安倍総理が突然解散を決め、いきなり選挙になりました。

あの当時、民主党の代表が海江田万里さんで代表代行が岡田克也さん。そして岡田さんが選挙実務を担当されていました。

衆議院議員選挙の活動期間は、わずか3カ月しかありませんでしたが、期間が短い割に感触は悪くありませんでした。正直なところ、情勢調査的には小選挙区で勝ち切れるところまではいかないかもしれないけれど、比例復活も含めれば、当選する確率は6～7割あるかなという状態で勝算はあるつもりでした。

ですから、しっかりと活動をすれば勝てる、と僕を支えてくれていたスタッフも、議員団もみんなそう考えていたと思います。

しかし、政治の世界というのは、投票箱を開けるまではわからないという言葉に尽きますが、最後までやはりわからないものです。

衆議院選挙は、小選挙区比例代表並立制という仕組みになっています。これは非常に難しい制度です。小選挙区では当選する候補者は1人ですから相手候補以上の支持がないと勝てません。

そして票をまとめようとするわけですが、神奈川7区の場合、有権者数はおおよそ43万人です。投票率を加味すると約23万票を争うことになります。そのうち、比例代表の政党別得票数は、自民党の票が約7万8000票、公明党の票が約2万1000票。およそ10万の票が与党票として確定しているわけです。

その票を相手に戦うことになりますが、当時の民主党の票は約3万9000票。維新の党は約4万4000票。後は生活の党や社民党などを合わせてやっと10万票程度です。

選挙では、当選者の得票数に対する落選者の得票数の比率を惜敗率といいます。衆議院議員選挙では、小選挙区に加え、比例代表という制度があり、候補者は両方に立候補することもできます。

そして、政党は比例代表候補の名簿を作成し、比例代表で獲得した議席数を基に名簿の上位から当選を決めていきます。この名簿では、複数の候補者を同じ順に並べることができます。同順位に複数の候補者がいるとき、民主党の場合には、小選挙区での惜敗率が高い順に当選となるのです。

僕の選挙区では、結果は、自民党対民主党＋維新の党で惜敗率が89・5％という状況でした。票数でいうと10万票対9万票という感じです。

そしてそのときの選挙結果で言えば、民主党では、惜敗率が67・3％、維新の党では50・1％の方までは比例復活で当選を果たしていました。そういう意味では十分に勝機のある選挙区でした。

万策を尽くさぬまま、窮地に追い込まれる

小選挙区の衆議院議員選挙では、基本的に与野党の構図がとても重要です。当選者が1人なので野党の票が割れないことが大事なのです。

ですから、選挙区の調整が重要であることを僕も政治家として誰よりも認識していたはずなのですが、結果として大甘だったのです。

維新の党の方々に選挙が始まる前に一度、仁義を切りに行った方がいいのではないかと考えました。共闘だったら、「中谷でいいんじゃないか」と言ってもらえるようなアプローチをしっかりと行うことが最善だと考えたからです。

そのことを最初は、民主党本部の選対に相談しました。

すると、「そんなこと、おまえが気にするな！　それよりもとにかく地域を大事にしろ、しっかりやれば勝てる可能性がある選挙区なんだから地域活動をきちんとやれ。そういう整理は本部でやるから心配するな」ということでした。

「そう言われてみれば、そうかな」と、当時は思いました。

確かに情勢調査の数字は悪くないし、党本部で民主・維新の候補者を一本化してくれるのであれば、党勢の変化によっては、小選挙区で当選を狙えるか狙えないかのラインにいるので、その言葉を信じて地元を回ろうという判断をしたのです。

だから、1分でも長く街頭に立って、1軒でも多くの支援者宅を回って地域活動をとにかく強くしようと戦略を切り替えたのです。

しかし、結論からすれば、それが大失敗でした。

残念ながら神奈川7区における党本部同士の交渉は決裂しました。

衆議院議員選挙は与野党の構図が勝敗を大きく左右します。

構図の部分を徹底的にケアしなければいけないという基本中の基本を怠った結果、構図を崩し、窮地に追い込まれるような状況を作った自分を責めました。

それだけ大事なことだったのです。

自分のような末端の人間が仁義を通し、挨拶に行っていたとしても結果は何も変わらなかったかもしれません。

ただ、万策を尽くしたなら納得もできますが、自分の甘さで策を尽くしきれずに不利な状況を作ってしまったことは、今でも強く反省しています。

自分のとった行動に責任を取れるのは自分しかいない。そんな教訓を痛いほど実感して学びました。

政治には前を向く以外の選択肢はない

しかし戦《いくさ》の時は目の前まで迫ってきていました。

クヨクヨもしていられないので、自分の信条でもある、「いちいち反省すること、そしていちいち後悔しないこと」という言葉を胸に気持ちを切り替えて選挙戦への道を進み始めました。

結局、衆議院が解散したその日に、僕と同じ選挙区から維新の党の方が出馬を表明しました。

選挙戦は、数え切れないほどの仲間たちが必死になって応援してくれました。

また多くの支援団体の皆様にもボランティアでご助力を頂き、とても活気と勢いのある選対だったと思います。支えてくれた仲間たちには感謝してもしきれないほど、お世話になりました。

しかし結果としては、野党の票がきれいに半分に割れました。

そして、僕は衆議院議員選挙に敗北しました。

多くの支援者の皆様からご支援を頂き、僕たちの持てる力を正々堂々120%全て出しきりましたが、自分の力不足で政権与党の高い壁を乗り越えることができませんでした。

当選したのは自民党候補で得票数は、10万1088票。僕は次点で5万511票を獲得しました。民主党の比例票が3万8000票でしたから、それよりも1万2000票ほどを上積みできた計算ですが、自民党候補には届きませんでした。

神奈川7区では結果、55・6%の票が野党に入りました。当選した候補者は、44・4%の票を獲得するという結果でした。

数値だけ見ると、もし野党の一本化ができていれば、もう少し違う結果になっていたかもしれないね、と多くの方に激励を頂きました。しかし、政治では前を向いて進んでいくしかないのです。

「背伸びをしていた自分たちの等身大の姿が見えたことで、やるべきことが明確になった意味のある敗戦だった」。そんなことを自分に言い聞かせながら敗北を静かに飲み込みました。

衆議院議員選挙に落選。次の日からまた駅頭に立って活動を再開

全ての私財を投じて挑んだ衆議院議員選挙で、当選の夢は木っ端微塵に打ち砕かれました。

投開票日の落選が決まったとき、いつもほんわかとした笑顔がトレードマークの川口珠江さんが、「勝てると思っていたんだけどね」と啞然とした表情で困惑し、事務総長として選挙戦を支えてくれた大山正治さんは、「勝たせてやれなくてごめんな」と涙を流しながらその場にたたずんでいました。先輩に涙まで流させてしまったこと

が、何より悔しく本当に情けない想いでした。

敗北して、ジャンルは全く違いますが、スポーツ界で日本代表を背負って戦う人の気持ちが少しだけわかった気がしました。多くの人からの熱い期待と応援に応えられなかった現実は、仮に罵声を受けても、生卵をぶつけられても、謹んで受け入れるしかなく、申し訳なさと悔しさで一杯でした。

自分が負けてしまったことに対しても、もちろん悔しさはありますが、それよりも人の期待に応えられなかったということが何よりも辛く悔しかったのです。

僕は、人の想いを背負った勝負に負けるということは、こんなにも辛く悔しいことなのかということを学ばせて頂きました。

「中谷が勝てば政治が変わるんじゃないか」

「暮らしが良くなるんじゃないか」

「抱えている問題が解決するんじゃないか」

そんな希望を持って、共に戦ってくれた人、票を投じてくれた人の期待をムダにしてしまった。自分の力量不足が多くの人の期待や希望を打ち砕いてしまった。こんなにも悔しい思いは、もう二度としたくない。心からそう思いました。

ただ、唯一の救いは、負けた後もスタッフや支持者のみんなが支えてくれたことでした。

一般的に落選した候補者の選挙事務所というのは、人が去り、お葬式みたいな雰囲気になります。皆様もテレビで見たことがあるかと思いますが、落選が確実になると、候補者が「僕の力不足で負けてすみません」という趣旨の挨拶をすることが多くあります。

僕の場合も、50人くらいの人が事務所に来て、夜中の終電間近までテレビに齧《かじ》り付きながら当落を見守ってくれていました。夜中の12時くらいにこれはどう考えても当選できないという段階になって敗戦の弁を述べさせて頂きました。

こういうときの候補者は、勝ったときには、「実るほど頭を垂れる稲穂かな」。うれしい気持ちに思い上がらず、より謙虚で在らなくてはなりません。一方で負けたときには、どれだけ辛くても哀しくても誰よりも元気で明るく振る舞う必要があります。候補者本人が苦しい顔をすると周りの人たちをより哀しませてしまうからです。

世の中のため、人のために、役に立ちたいと思って国政を目指し、それに期待して集まってくれた仲間。その人たちへの恩返しもしないまま、その人たちの想いを政界に届けられないまま朽ちていくことは、僕の中では、到底受け入れ難いものでした。

「落選したからと言ってこのまま終わるわけにはいかない」

僕は、落選しても諦めずに成果が出るまでやり続けると決めていました。

次こそはみんなの期待に応えたい。

そこで気力を振り絞って、「明日の朝からしっかり駅頭に立って、次の衆議院議員選挙に向けて頑張りたい。また、力を貸してください」と、そんな挨拶をしました。

そして僕は、また次の日から駅に立ち始めました。

それを見た多くの地域の人が僕に声をかけてくださいました。

「次も頑張れよ！」「一票入れたよ」「諦めんなよ！」

「元気出せよ」「うちは家族でずっと応援してるからね」

時には涙を流しながら、手を握りしめてくださる方もいらっしゃいました。

人の温かさに触れ、次回は、必ず勝ち抜いてご恩返しできるように頑張らなきゃいけない。

野党に票を投じた55・6％の人の想いを政界に届けるような政治ができなかったら、僕はこの人生にやっぱり悔いが残ると思いました。次こそは、

「現政権に対して不平不満を持っている方々の想いを受け止めたい。頂いた5万511票の想いを胸に、雑草魂でまた走り出そう」

そう決意をして、次への一歩を踏み出しました。

衆議院議員選挙では破れてしまいましたが、多くの支援者、スタッフが最後まで事務所に残って応援をしてくれました

落選中の政治家はつらいよ

選挙後は、仲間たちと本当に大変な思いをしました。

少し話が脱線しますが、当時、真剣に結婚を考えている彼女がいました。この彼女は、僕が神奈川県議会議員に立候補をしたときに別れた彼女で、話し合いを重ねた末に結婚を前提に再び付き合うようになっていました。そして、その年のクリスマスにプロポーズをしようと考え、婚約指輪を作りに行って、レストランを予約して、準備を進めていました。

衆議院議員選挙の公認をもらうことができて、彼女とも順調。順風満帆の有頂天でもうほっくほくの状態だったはずが、突然の解散総選挙に敗北し、落選。プロポーズどころではなくなりました。

県議会議員を辞めて僕自身、収入がなくなり、一緒に頑張ってきてくれたスタッフも職を失ってしまいました。明日からどうやってご飯を食べていくか、という状態で、結婚どころではなくなってしまいました。

僕自身もまずは、支えてくれた仲間たちの仕事探しからスタート。家族を養っていかなければならないのに、僕が落選したせいで仕事がなくなる人たちがいたので、そのフォローを最優先で行いました。

また僕自身も、残って一緒に政治活動をしてくれる仲間たちとどうやってご飯を食べていこうかと模索する、そんな日々でした。

支えてくれたスタッフは、幸い、全員が就職をすることができました。それで僕も少しだけ肩の荷が下りました。

政治の世界では、「人」「物」「金」は自分で集めるのが政治家の器量だとも言われます。

言うは易しですが、簡単なことではありません。お金持ちの二世、三世ならいざ知らず、特に僕たちのような地盤・看板・鞄など何もない新人が政治の道を目指すことはとても困難で参入障壁が高いのです。

結局、この問題が解決できずに、政治家を諦めざるを得ない人が多いのも事実です。

僕の周りにもそんな人が多くいました。残念なことですが、現状ではどうにもなりません。

こうした仕組みも自分が当選して現職になることができたら、どんな境遇・環境にいる人でも政治に挑戦できるように整備を行いたいと思います。

政治家としての職務と家族との絆の狭間で

個人的なことで恐縮ですが、2016年6月末、母が膵臓がんの手術をしました。

母は、とても心優しい男性と再婚し、やっと家族のためではなく、自分のための人生を歩んでもらえるんじゃないかと、ホッとしていた矢先の出来事でした。

1960年生まれで現在57歳の母にとっては、あまりにも早すぎる大病でした。

ただ、肝胆膵分野において日本一の名医と言われる静岡がんセンターの上坂克彦先生に執刀頂けたことがありがたく、不幸中の幸いでした。

手術を受けるころは、ちょうど衆参ダブル選挙があるかもしれないということで、僕自身は忙《せわ》しなく地元を飛び回っていた時期です。

僕が母に見舞いの電話をすると母はこう言いました。

「こんな時期に、私の看病に来られることの方が、気になるから来ないでほしい。大切なときに身体を壊して手伝ってあげられなくてごめんね」

こんなことを言わせてしまう自分自身が情けなくなりました。

その後、僕の衆議院議員選挙がなくなり、参議院議員選挙だけが行われることが確定しました。しかし、大激戦の選挙区であった神奈川県の参議院議員選挙。民進党は、金子洋一さんと真山勇一さんの2名を擁立し、2人当選が至上命題でした。金子洋一さんは、僕が衆議院議員選挙の公認を得るときにお世話になった大恩のある方であり、真山勇一さんは、人柄的にも政策的にも共鳴できる素晴らしい人物でした。

その状況に母は、「私のことはいいから、お世話になった人への恩返しをしっかりしなさい」と気丈に振る舞いました。義理、人情、礼儀をとても大切にしている母らしい言葉でした。

そして僕は、後ろめたさを胸に抱えながらも、なんとか2人を当選させたいという思いで、参議院議員選挙に集中し、必死になって汗をかきました。

母の看病は家族に任せっぱなしとなりました。見舞いに行ったのは、結局、母の手術日のみとなってしまいました。

また約7時間の長時間の手術ということもあり、術中は、選挙区へ新幹線でとんぼがえりをし、選挙応援をした後、術後に合わせてまたがんセンターに戻るというようなスケジュールでした。

母は、胃と膵臓の3分の1と胆嚢、十二指腸を全摘出する大手術を受けました。手術中に死に至る危険がある手術でした。

にもかかわらず、手術室に入る前、母はできる限り心配をかけたくないと思ったのか、

「一馬、りんごもらったから食べる？　剝いてあげようか？」

「病院の1階にあるパン屋さんのパンが美味しいから買ってきてあげようか？」

と普段と変わらずに振る舞っていました。

体調がそれどころではない中で、息子を気遣う母の姿に愛情のようなものを深く感じました。

そして、母が手術室に入るとき、

「一馬、手を握ってもいい？」

僕は、「もちろん」と手を握りしめました。

その後、母から紙袋を手渡されました。

「これ、後で一人になったときに見てくれる」

僕はなんだろうと思いながら、駅に向かうバスの中で紙袋を開くと、そこに入っていたのは、エンディングノート（遺言状）でした。

綴られていたのは、僕や義父、妹など家族に向けた感謝の言葉や自分が息を引き取ったら連絡してほしい人のことなど人生の最期になるかもしれないという思いが切々と伝わる文面の数々でした。

母はどんな感情を抱いて手術室に入って行ったんだろう。想像する間もなく不覚にも涙が溢れました。

それでも現実は待っていてはくれません。今は参議院議員選挙の真っ最中です。

少しでも現場から離れれば、「あいつサボってるんじゃないか」「偏った支援をしているんじゃないか」と言われる厳しい世界です。

もちろん家族のことで泣き言などは言えませんし、自分で選んだ道ですから宿命と受け止めています。手術日も溢れる感情を抑え、応援弁士としてマイクを握りました。

選んだ道が正解かどうかは、自分自身の行動が決めることだと理解はしています。

仁義礼を尽くすことは人間としては正解だったかもしれません。

しかし、家族としては、なんともモヤ

モヤする。暫く自問自答は続きそうです。

母の病は、予後があまり良くない病気ですが、一日でも健康に長生きしてほしいと願うばかりです。

これまで苦労ばかりかけた母のためにも、限られた時間であるからこそ、一緒に過ごせる尊い時間を大切に、少しでも親孝行をしたいと思います。

次の選挙では、母に心配をかけなくてすむ結果であればよいなと願いながら、選挙区の皆様の信頼を得られるよう、今後も日々精進を積み重ねます。

ただ、次の自分の選挙が終わったときには、ほんの少しだけお休みを頂いて、母や家族との時間を作れたらと思っています。

第4章
日本を立て直す具体的な政策

目の前にあるあたりまえの生活がいつまでも続く持続的な社会づくり

政治家は、常に未来に向けてのビジョンを示さなくてはなりません。

ここからは、政策的な考え方についてのお話をしたいと思います。

僕が政治家として実現したいことは大きく3つあります。

一つ目は、「平和な世の中を護ること」。

2つ目は、「豊かな社会を創ること」。

そして3つ目は、

「〝平和〟と〝豊かさ〟がいつも、いつまでも享受できる〝サステイナブル〟な世の中を創る」

ことです。笑われるかもしれませんが、端的に言えば、「世界平和」の実現という大きな理想を持っています。

ではなぜ、僕がこの理想・目標を実行しようとしているのか。幼少期・青少年期の体験が原点となって僕を突き動かしています。

母子家庭の厳しい経済環境の中で育ったからこそ、どうすれば家族とご飯を食べていけるのか、みんなで豊かになれるのか、常に考えて生きてきました。

また、暴力が身近にある環境で育ち、家庭内でも地域でも血気盛んな人種が身近にいる環境で生きてきたからこそ、どうすれば暴力がなくなり、平和をもたらすことができるのか、常に考えてきました。その中で今、

衣食住があたりまえに得られる社会。

教育があたりまえに受けられる社会。

老後の生活があたりまえに守られる社会。

全世代の困っている人に手が差し伸べられる社会。

一人ひとりの価値観と人権が尊重される多様な社会。

生命・財産が脅かされることのない平和な社会。

僕が聞いた同世代の声
あんなに勉強したのに仕事がないよ！
生活が安定しないから結婚できない！
今の日本はどうなってしまったのか？
現実におこっている問題とは！
政治の世界に飛び込んだ！

こうした暮らしがあたりまえになっているとすれば、目の前にある社会は何よりも尊いと感じます。

しかし残念ながら今、この豊かな社会が危機に瀕しています。

近視眼的な政策決定により、「少子高齢化」「財政負担の先送り」「子どもの貧困」……挙げればキリがないほどの問題が発生しています。

特に、子どもたちは、自らの努力だけで道を切り拓くことができません。だからこそ、未来を見据えたより良い社会が持続する政策を実行しなければならないのです。

中谷一馬の考える5つの具体的政策

前述までは、僕の基本的な考え方を紹介しました。ここからは改めて、具体的な政策について、お伝えしたいと思います。

僕が考えている具体的なメインの政策は、大きく分けて5つあります。

①チルドレン・ファースト！ まずは未来を担う子ども・若者世代への投資を拡充

現政権下で、子どもの6人に1人が貧困状態という過去最高の値をさらに更新しました。

子どもの貧困を放置すると総額で約40兆円の損失が出るという推計があり、子どもたちへの投資は、倫理的にも、社会的にも、経済的にも必要不可欠です。だからこそ、現在先進国で最低水準の若者世代向けの社会保障を拡充することで、子どもを産み育てやすい環境を整備し、少子高齢化を抜本的に解消する構造改革を実現したいと考えています。

具体的には、働くお父さん、お母さんのサポートをしっかりと行うべく、出産費用、児童手当、育児休業給付など子育てに関する費用の助成・給付を拡充し、徹底的に支援します。また、全ての勉強したい「子どもたち」に教育が受けられる機会を与えるべく、就学前教育・小学校・中学校・高等学校・国公立大学を無償化し、日本の力を底上げします。

②全世代の〝人〟に向けた投資の拡充と持続可能な社会保障制度の堅守

アベノミクスの失敗により、世論調査では、約80％の国民が景気回復を実感していないと答えるなど国民生活は、ドンドン苦しくなっています。年金積立金は、株式の運用に失敗し、穴埋めを行うかのように年金カット法案を推し進め、年金の減額を行おうとしています。失敗のツケを国民に押し付けようとする安倍政権のやり方は明らかにおかしいと思います。僕たちは、国民生活を守るために、堅実で最適の運用を行い、消えない、なくならない年金制度を創ります。

また、年金以外にも医療・介護・福祉・子どもの貧困・ひとり親家庭などをターゲットとし、全世代の困っている〝人〟に向けた投資を充実させることで、持続可能な社会保障を堅守します。

③最先端技術を活用した第四次産業革命とふつうの人から豊かになる経済再生の牽引

国際通貨基金（ＩＭＦ）の経済成長見通しによると、日本の経済成長率は、Ｇ７の国々の中でダントツの最下位です。不要な公共事業や生産性のない既得権益層へのバラマキという旧来的な手法を軸として政策を進めた結果、成長戦略がうまくいかなかったことが原因です。

こうした経済を再生させるために、「成長と分配の両立」が不可欠です。隅々までゆきわたる景気対策を図り、「頑張れば未来はもっと良くできる」と国民一人ひとりが実感できる成長戦略を実行します。

またIoT、ロボット、AI、AR、VR、Fintech、ドローンなどの生産性・利便性を高める最先端技術の戦略的な研究・活用を進め、人々の生活を豊かにする第四次産業革命を牽引します。

④ICTを活用した社会のスマート化と行財政改革の断行

日本には約1000兆円という莫大な借金がありますが、それらをなくすためには、ムダ遣いを全廃し、プライマリーバランスを改善することが必要です。

そのために、「ICT化」「見える化」「Pay for Success」を基調とした行財政改革を徹底して行うことが必要です。具体的には、政府・行政事業を定量的・定性的な指標を用いて評価し、全ての事業の見える化を図り、国民に公表することで、真にクリーンな政治を進め、ムダをなくします。

また、業務の効率化が必要ですので、BPR（ビジネス・プロセス・リエンジニアリング）を踏まえた部局横断的なICT化を行い、組織のスマート化による生産力の向上を実現します。

さらに、国民の利便性向上を目指した、行政手続きの簡略化・コンビニエンス化を実現します。

⑤原発ゼロ社会の実現と平和・憲法を護る

現在、自民党から示されている憲法改正草案は、基本的人権の尊重、表現の自由、戦争放棄が削除されるなど、戦前回帰した内容となっています。

また、集団的自衛権は約98％の憲法学者が違憲だと批判し、約80％の国民が説明不足と声を上げる中で、強行採決を行うなど、安倍政権は、これまで「憲法」と「平和」を軽んじた政権運営を続けてきました。

僕たちは、こうした権力の暴走に歯止めをかけるためにも、「国民主権」「基本的人権の尊重」「平和主義」を基調とした立憲民主主義を守ります。

また、自然エネルギーの普及・創エネ・省エネ・蓄エネの推進、小規模分散型モデルの導入拡大・水素エネルギー・シェールガス・メタンハイドレートなど、さまざまなエネルギーのベストミックスモデルの構築による産業構造の転換を図ることで、強い経済、安心雇用を担保した〝2030年代　原発ゼロ〟を目指します。

僕は、こうした国民にとって必要不可欠な政策を一つひとつ着実に実現したいと考えています。

この後は各政策をより具体的に問題点や推進方法についてお話しさせて頂きたいと思います。

①チルドレン・ファースト！　未来を担う子ども・若者世代への投資の拡充

子どもの貧困の問題は親の責任？　国の責任？

未来を担う子ども・若者世代への投資の拡充は、少子高齢化の抜本的な対策や持続的な社会保障を堅守する上で必要不可欠なことです。

そうした中、現安倍政権下で、子どもの6人に1人が貧困状態という過去最高の値を更新しました。学校の上履きを買えない子どもたちがいて、給食でしか栄養が取れないような子どもたちがいます。

これは、都市部に住んでいると理解しにくいかもしれませんが、地方によっては非常に厳しい現状の地域があります。例えば沖縄県では、3人に1人の子どもが貧困状態だったりします。

これは昭和の時代のドラマの話ではないのです。今、目の前で起こっている現実として、自分たちがそれを理解できているのか、という問題です。

そして、今の政治・行政は貧困問題に対して根本的に解決をするというよりも、見えないように蓋をするのが得意です。

よく言われるのは、魚が欲しい子に魚を与えても仕方がない。魚の捕り方を教えなければ意味がないということです。魚の捕り方を教えるよりも、その場で魚を与えた方が楽かもしれません。そして問題がなくなったように見えるかもしれません。しかし、実際は何も解決はしていないのです。

ひとり親家庭のお父さん・お母さんが働きながら子育てができるようにするにはどうすればいいか、働くのが困難な人たちはどうすればそれを乗り越えられるのか。子どもの立場で言えば、学校に行きたくても行けない子どもたちが、どうすれば行けるようになるのか、勉強することができるようになるのか。この問題を社会が真剣に考えず、放置すれば、自分たちの将来に必ずひずみが出てくるということを理解しなければなりません。

子どもの貧困問題は、親の貧困問題と直結します。

親が貧困状態のため、子どもも貧困状態になります。

親の経済的貧困が教育格差を生み、子どもが低学力・低学歴になった結果、就労状況が不安定になり、その子どもが親になったときにまた経済的貧困に陥るという貧困の世代間連鎖が起こる状況は、データが証明しています。

大阪府堺市の調査によると、市内の生活保護世帯の世帯主のうち、過去に生活保護世帯で育った経験がある世帯は25・1％で、母子世帯では、その割合が40・6％にも上ります。

親も生活保護でギリギリの生活をしているから、子どもに充実した教育が受けられる環境を与えることができない。行政も人手と知恵が不足し、現金給付がメインとなる。表面上はこれで解決するので、結果として自立をサポートするための支援が弱くなります。そして教育をまともに受けることができなかった子どもが自立できなくなり、また生活保護を受給する。こんな連鎖の続く国は、必ず衰退します。

一部のエリートだけが強くなる政策には、意味がありません。一般国民をケアする政策を行わなければ、中間層がどんどんいなくなってしまって、それが貧困層にシフトしてしまいます。そしてその方がソーシャルコストはかかることに国家は気づかなければいけません。

そして子どもたちは、自分の力で、努力で、貧困から抜け出すことはできません。僕が幼かったときも、母の代わりに働きに出て家族を助けることもできなければ、父の暴力を止める力もありませんでした。子どもだった僕には、その状況を打破し、未来を切り拓くことはできなかったのです。子どもにできることは、とても限られていて、その子どもが自分の努力では乗り越えられない壁を突破する力は、やはり社会が補わなければなりません。

それは、その子どもの将来にとってももちろん必要なことですが、巡り巡って、日本の将来にも係わってくる大きな問題です。

経済的な意味合いでも子どもへの投資効果というのは非常に高く、逆に子どもへ投資をしない損失は計り知れません。子どもの貧困を放置すると総額で約40兆円の社会的損失が出るという推計があり、未来を担う子どもたちへの支援の拡充は、経済的にも、社会的にも、倫理的にも必要不可欠です。

僕自身、貧困世帯に育った子どもの一人としてこの問題に関しては使命感を持って取り組みを進めていきたいと思います。

どんな子どもでも、全て平等にケアをする

話が少し本題から離れますが、罪を犯した人たちは、社会的に罰せられます。これはあたりまえのことです。被害者の方への支援も行政としてしっかりと行わなければなりません。

その一方で、現在、犯罪加害者の子どもたちが偏見や差別にさらされたり、さらには人権を否定されたりするようなことが社会問題になっています。罪を犯した当事者には当然、責任があります。当事者の周りにいた大人、例えば親や配偶者には、事前に何かできたかもしれないという意味では、一定の責任が問われることもあり得るかもしれません。

しかし、子どもには何の責任もありません。

ただ残念ながら、こうした犯罪加害者の子どもたちを相手にマスコミが連日連夜、自宅や学校に押し掛けてきて、学校に行けばいじめの対象となり、学校からは「他のお子さんの迷惑になるので学校に来ないでください」と言われて、結局、転校せざる

を得なくなるという事例が報告されています。

こうした現状は、その子どもが不幸になるだけではありません。社会からそういう子どもを排除した結果、その子どもたちは社会的に生きていくことができなくなってしまいます。生きていけないからこそ、現状に反発し、行きすぎた反発が新たな犯罪に繋がってしまうといったような連鎖が繰り返されます。

人種差別のように何かを排除する論理で政策を前に進めてしまったり、排除に対して無関心のまま放置してしまったりすると、不満がどこかで必ず爆発します。だからこそ僕たち国民は、こうした問題を根本的に解決するためには、どうすればいいのかを本気で考えなくてはなりません。

こうした問題のケアは本来的には行政が行わなければならないのに、そういうアプローチが日本では全くと言ってよいほどできていません。

僕は、どんな境遇・環境にいる子どもたちに対しても平等に教育の機会を与えることができる社会を構築したいと思います。親がどんな人でも、障害があっても、病気でも、マイノリティでも関係なく子どもたちが健やかに育つことのできる環境を提供していくことが日本の健全な発展に繋がると確信を持っています。

今後もダイバーシティを重んじた視点で、子どもたちの明るい未来を彩る政策を推進していきたいと考えています。

社会全体で子育てをする仕組み作りが必要

僕が政策の一つとして掲げているサステイナブルな社会というのは、持続可能な社会という意味ですが、その意味でも少子高齢化を真剣になんとかしなくてはなりません。

現在の子ども・子育て世代への投資が少ない現状は、少子高齢化に拍車をかけています。

少子化の原因の一つに、晩婚化に加えて、結婚する人が減っているという現状があります。というよりも結婚しづらい社会になっていることが大きな問題です。

価値観が多様化して、結婚しないという選択をする人が増えているということもあ

ると は思います。恋愛以外にも楽しいものがたくさんありますから、結婚せずに自分の人生を好きに謳歌するという生き方ももちろんあると思います。

その一方で、やはり若者たちの給料がなかなか増えないことで、結婚しにくい世の中になっている現状があります。大企業に勤めている一部の人は結婚ができるくらいの収入は得ているかもしれません。しかし、日本は中小企業で働いている人が約70％と多数を占めています。

そして、その人たちが、新卒で就職をして月収が手取りで10万円台前半ということも多くある現実でしょう。

これでは結婚や出産は難しくなります。こういう人たちを、しっかりと支援していかなければ、あたりまえですが出生率が高くなるような状況にはなりません。

そうした中、例えばフランスでは、きめ細かな子ども手当、無痛分娩の負担軽減、産休・育休など労働環境改善、3歳時から児童のほぼ全員が教材や文房具まで無償で通える保育学校整備など、子育てに対する徹底的な支援を実施して、出生率を回復させています。世界的にも少子化対策に成功した国という評価です。

日本も持続可能な社会づくりを考えるのであれば、やはり将来への投資、子ども・若者への投資を行わなくてはなりません。

「私たちが若いころは、働きながら子育てもちゃんとやったのよ」という論調もあると思いますが、以前とは時代も変わっているし、背景も変わっています。家族の同居も減っていますから、子どもの面倒を見てくれる親戚や家族が近くにいない方も多くいらっしゃいます。現状をしっかりと見据えた上で、未来に向けた政策が必要なのです。

そういう環境の中で、まずは、国が責任を持って、全ての勉強したい「子どもたち」に対して教育を受けられる機会を創出することが必要です。

例えば、保育園や幼稚園などの幼児教育から小学校・中学校・高等学校・国公立大学までの教育の無償化。これには、もちろん義務教育でかかる教材費や給食費なども公費で賄うことができる完全無償化を目指すことが必要です。さらに私学や専門学校に対する助成など、多様な教育に対する支援を実施すべきだと考えます。

それらは、長い目で見れば、絶対にプラスに働いてくるでしょう。

後は、働くお父さんやお母さんに向けた支援も拡充すべきです。

具体的には育休や産休を利用しやすい労働環境の整備や育児休業手当の100％支給などを実施すべきであると考えています。また、出産一時金や子ども手当の拡充など、出産・子育て費用の支援をしっかりとしていく必要があります。

また、就労の大きな障害になっている待機児童問題を解消するためにも、保育士の給与や待遇改善など、幼稚園・保育園の支援と整備につとめ、保護者のニーズに柔軟な形で対応できるシステムを構築することが必要です。

このように僕たちが、社会全体で子どもを育てるのだというくらいの気概を持って環境を整えていかなければ問題は解決しません。子どもを作っても国がきちんと面倒を見てくれる、だったら結婚しても大丈夫だろうと、若者が思えるような社会にしなければいつまで経っても出生率は回復しません。

僕は、出産・子育ての経済的な負担を軽減し、社会全体で国の宝である〝子ども〟を育てる仕組みを整備し、抜本的な少子高齢化対策を必ずやり遂げたいと考えています。

少子高齢・人口減少社会の本格到来

- 少子高齢・人口減少社会はこれからが本番
- 2060年には現役世代1.2人で高齢者1人を支える必要

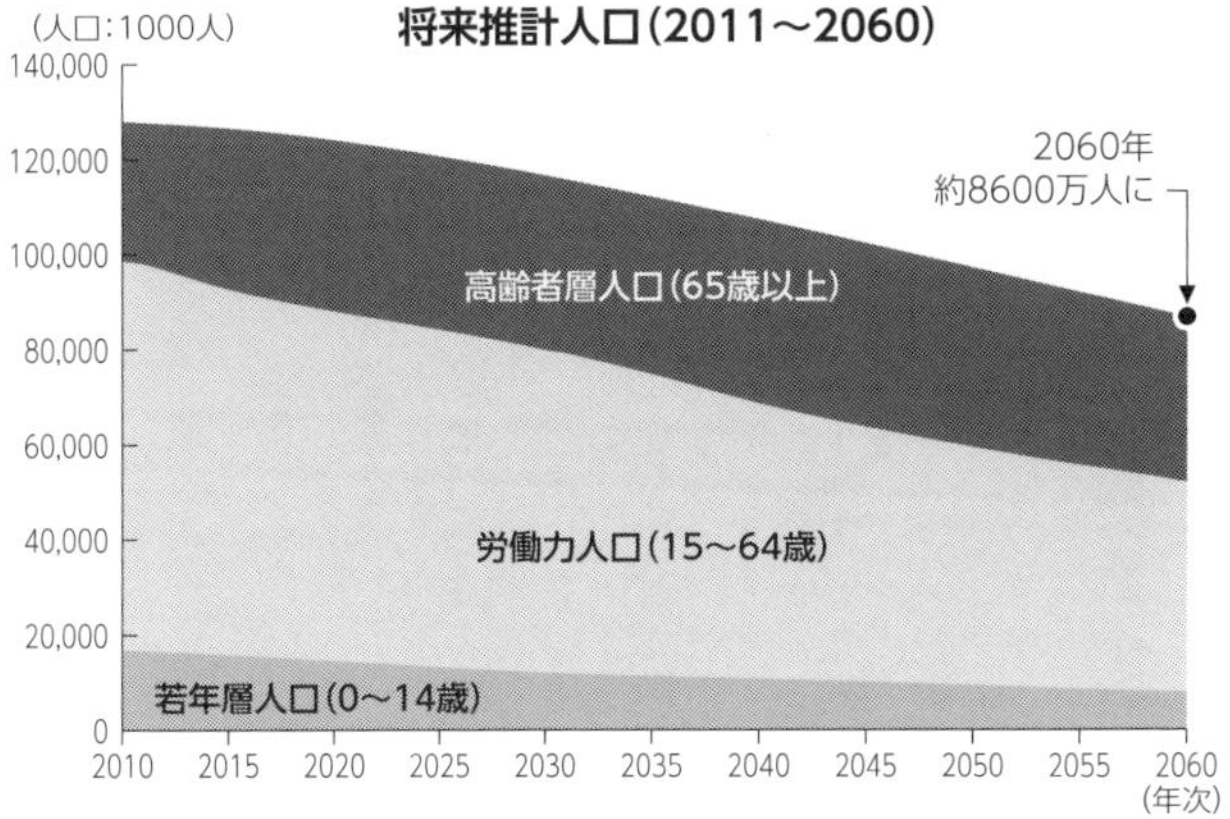

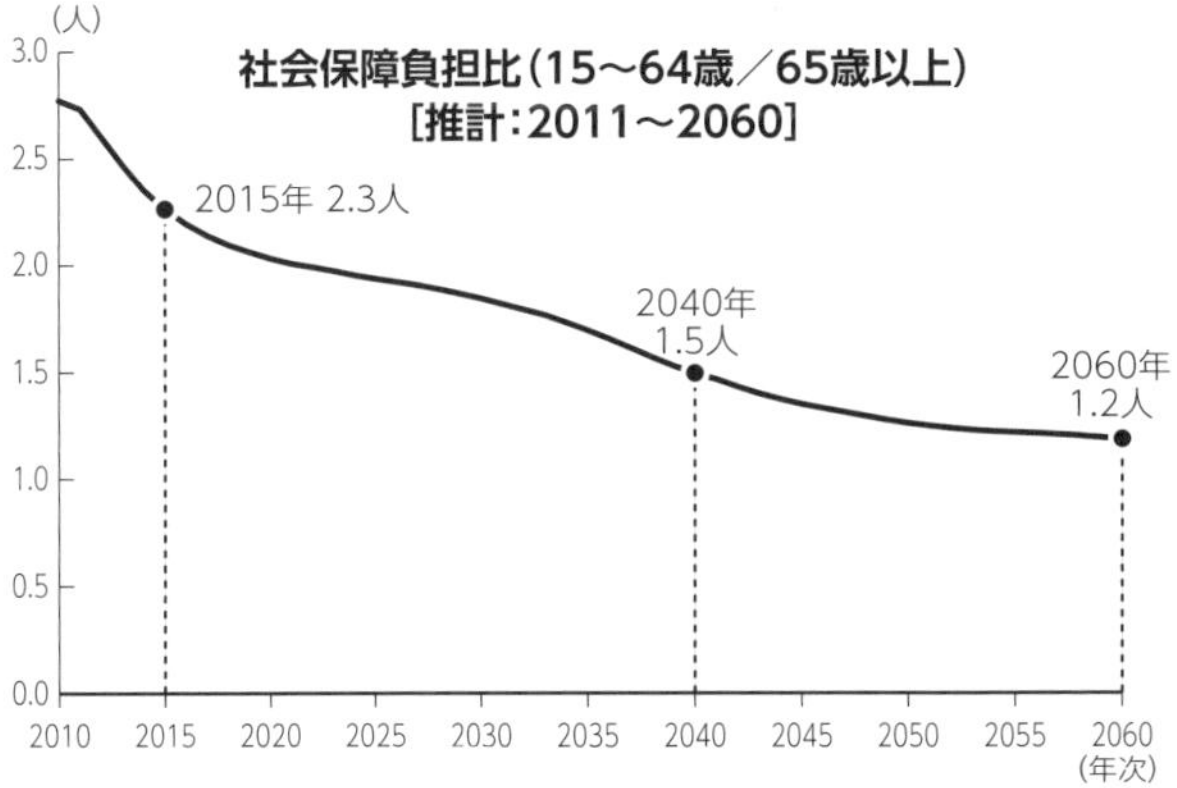

国立社会保障・人口問題研究所「日本の将来推計人口
―平成23(2011)年〜72(2060)年―平成24年1月推計」(2015)より作成

世界最高水準の教育をいつでも平等に

これからグローバル社会で求められていく人材は、

「すでにある知識を組み合わせて新しいことを生み出す力」

「問題を分解・分析して解決策を導く力」

「さまざまな新しい情報を既知の知識と組み合わせて状況判断する力」

に秀でている人材であり、日本においても、21世紀型の人材育成が必要です。


情報インフラ整備やＩＣＴ教育の積極的な導入など、教育のスマート化を推進するための施策を講じていく必要があります。

例えば学校現場には、ＩＣＴ対応した教育クラウドのシステム開発・活用、業務の効率化を図るためのグループウェア・校務支援システムの整備、教材情報の共有を行うためのポータルサイトやＳＮＳのプラットホームの構築などが必要です。

そして生徒たちには、留学支援や語学教育・プログラミング教育など、時代のニーズに応じたグローバル人材教育を実施すると同時に、シティズンシップ教育・キャリ

教育費

日本の「教育費」は対GDP比でOECD諸国の中で最低水準

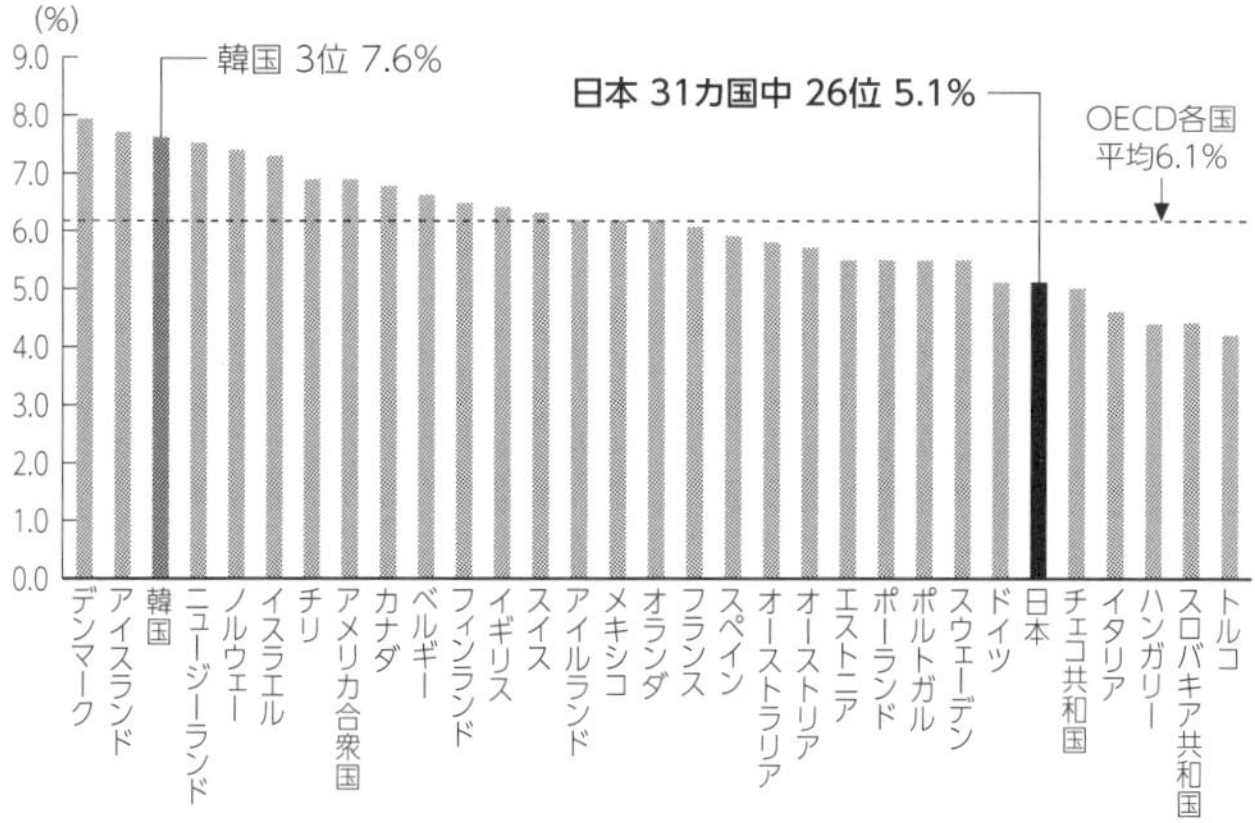

OECD Education at a Glance 2014："教育機関に対する支出の対GDP比[2011]"より作成

電子黒板を活用した授業風景

小学校で使用するタブレット端末

ア教育を拡充し、世界で即戦力として活躍できる人材の育成を行う必要があります。

さらにICTを活用したアダプティブ・ラーニングと公教育の連携を拡大し、一流講師による講義をWEBにて提供できる環境を整備することで、いつでもどこでも学びたい子どもたちの誰もが、最高水準の教育を受けられる平等な学習機会を創出したいと考えています。

こうした新時代の教育のあり方を一つひとつ検討し、未来を担う日本の子どもたちが世界の中心で活躍できる人財育成を前に進めていきます。

②全世代の〝人〟に向けた投資の拡充と持続可能な社会保障制度の堅守

アベノミクスで失われた公的年金積立金10・5兆円

安倍政権は2014年12月、「株式市場を活性化する」という口実で、年金積立金管理運用独立行政法人（GPIF）の運用計画を見直し、株式比率（国内株、外国株）を50％まで高めたハイリスクな投資を行いました。

その結果はどうでしょう。たった15カ月のあいだに、多いときでは10兆5000億円もの公的年金積立金の運用損失を出してしまったのです。

余剰資金でハイリスクな投資を行うことは、百歩譲って理解できますが、運用判断の失敗で、巨額の年金を失う状況が今後も続いたとしたら目も当てられません。

そしてこの問題に対して、安倍政権は責任を取るどころか、穴埋めを行うかのように「年金カット法案」を推し進め、年金の減額を行おうとしています。

僕は、失敗のツケを国民に押し付けようとする安倍政権のやり方は許せません。

2015年より安倍政権は年金カットのために「マクロ経済スライド」を適用してきました。

それでも物価が上昇しても賃金が下落した場合、年金は据え置きとなっていました。

しかし、年金カット法案では、物価と賃金で下落幅がより大きい方に合わせて年金も減額するということになりました。

民進党の試算では、年金支給額は現在よりも5・2％も減少。2014年のデータにこの新たなルールを当てはめると、国民年金は年間約4万円減、厚生年金ではなんと年間約14万2000円も減るという計算です。

また高齢者の年金カットで年金制度が将来的に安定するかと言えば、そうではありません。この法律で強化されたマクロ経済スライドで、若者世代の基礎年金はこのまま いくと、30%カットされる見込みです。

それでなくても、安倍政権はこの4年のあいだに公的年金を3・4%も減らし、医療面でも70〜74歳の窓口負担を2割に引き上げるなど高齢者の生活に追い打ちをかけてきました。2016年3月には高齢者の25%が貧困状態にあるというデータも出ており、年金カット法案によってさらに貧困高齢者を増加させることは必至です。

また、仮にその損失額の半分もあれば、前述で記載した子どもの貧困問題における学習環境の改善は大きく前進させられたと思います。

大学の給付型奨学金は、約1000億円あれば当面の処置はできます。また、就学前教育・保育の無償化に約1兆2000億円、高校教育の実質無償化は、約1兆6000億円、合わせて2兆8000億円です。これに、子ども手当も当時は批判されましたが、金額にすると初年度2兆3000億円ほどの額でした。

これらを全て合わせても約5兆2000億円にしかなりません。たった15カ月で失った公的年金基金の10兆5000億円という額はそれだけ大きな損失なのです。

老後の生活を担う大切な年金のギャンブル的な運用は、うまくいけば結果オーライですが、失敗したときには取り返しがつきません。

今後は、ギャンブル的な投資ではなく、被保険者の利益、確実性を考慮し、堅実で最適な運用を図ると同時に、労使をはじめとするステークホルダーが参画するガバナンス体制を作り、消えない、なくならない年金制度を構築することを対案として提言させて頂きます。

老若男女、多種多様な人が安心して生活できる社会制度の構築

本当に幸せな世の中とはいったいどんなものでしょうか。

僕は、不幸な人が一人もいない世の中のことだと思います。

そして不幸を取り除き、皆様一人ひとりが幸せになるためのサポートをすることが政治の役割だと思っています。

そうした観点から介護・福祉に加え、年金・医療・子どもの貧困・ひとり親家庭などをターゲットとし、全世代の困っている〝人〟に向けた投資を充実させることで、持続可能な社会保障を堅守したいと考えています。

そのためには、まず少子高齢化問題が解決しなければ、経済的にも社会保障的にも立ち行かなくなることは、何十年も前からわかっていたわけです。にもかかわらずその対策を講じてこなかったことは、政治の結果責任と言わざるを得ません。

少子高齢化が進めば、国内マーケットのパイ、内需が小さくなっていきます。

また、労働人口が減って高齢者だけが増えていく流れの中では、国としての成長は困難となります。

そうした中でも、僕たちは老後の明日に希望が持てる社会を構築していかなければなりません。

これからは、人生100歳の時代がやってきます。

僕たちもそれに備えたライフプランを考え、行政もそれらに対応した施策が必要となります。

また僕は、自分自身が柔道整復師（接骨院）という医療従事者の資格を持つ身です。医療・介護・健康・福祉の分野の政策には、人一倍思い入れがあります。

シルバー世代の方々が、いつまでも元気に活躍できる社会を構築するためには、未病を改善し、健康寿命を延ばす取り組みを進めることが必要だと考えています。

もちろん、病気をしてしまったり、体が不自由になってしまったりした方には、安心してふつうの生活ができるように介護、福祉を充実させなければいけませんし、誰でも十分な医療を受けられる環境を作ることも必要です。

そうした観点から、まずは、誰もが必要な医療を適切に受けられるようにすることが必要です。そのために、リーズナブルで質の良い医療をいつでもどこでも受けられるシステム作りを行いたいと考えています。

医療保険制度全体の安定的な運営のため、保険者間の負担の公平化など医療保険の一元的運用を進め、国民皆保険を堅持し、安心できる医療保険制度を今後も推進したいと思います。

また医療のＩＣＴ化を推奨し、医療ビッグデータのオープン化による医療研究の発展や医療費の削減を目指すと同時に健康診断結果・レセプト（診療報酬明細書）などのビッグデータ解析による、科学的な未病対策を推し進めることが必要です。

さらに介護分野に関して言えば、かかりつけ医と訪問看護など医療と介護の連携推進と、サービス付高齢者住宅の確保など安心して暮らせる住宅の提供が必要です。在宅サービスの充実、配食や見守りといった生活援助サービスの促進などにより、介護が必要となっても住み慣れた地域で暮らせるように、高齢者のニーズに合った地域包括ケアシステムの構築を進めることで、しっかりとした介護・福祉制度を考案し、僕たち若者世代が高齢者になったときにも安心して生活ができるような制度を確立したいと思います。

それと同時に、元気な高齢者の皆様には社会の中でもう一度活躍して頂ける環境を整備していけば、社会は好循環します。

最近は、高齢者のマーケットに対応したシルバーベンチャーと言われるような企業も増えています。ボランティアをしてくださる方もそうですし、地域の中でもう一度社会のために活躍して頂けるようなサポートをしていく必要があります。そして、新しい知識や教養を身につけられる生涯学習の支援も必要です。

高齢者の皆様の一人ひとりに長生きしてよかったと感じて頂ける、明日に〝希望〟が持てる社会づくりを今後もしっかりと進めて参ります。

③最先端技術を活用した第四次産業革命とふつうの人から豊かになる経済再生の牽引

日本の経済成長見通しは、G7でダントツのビリ

国際通貨基金の経済成長見通しによると、2017年の日本における経済成長率は、G7の国々の中でダントツの最下位です。アメリカ、イギリス、フランス、ドイツ、イタリア、カナダ、日本以外の全ての国が経済成長でプラスの見通しが示されている

のに、日本だけがマイナスになるかもしれないという見通しが示されたほど経済政策がうまくいっていません。

アベノミクスの最大の失敗は、まさにこの成長戦略の部分でしょう。

僕たちの巨額の税金を投下して行った経済政策は、不要な公共事業や生産性のない既得権益層へのバラマキという旧来的な手法が主流となり、成長戦略が前に進められなかったことが原因で失敗しています。

本来的には、ＩｏＴやＡＩ、ロボットなどもそうですし、観光、農業、健康、エネルギー分野などの成長産業の分野に、今とは一桁違うぐらいの投資を行わなければならないはずなのですが、そこに投資する予算がとても中途半端で、相変わらず生産性が上がらない公共事業にばかり、お金がバラまかれています。

そして、既得権益層へのバラマキでは、経済を伸ばす効果は期待できませんから、経済は全く成長しませんでした。

その結果、国民の約８割が景気回復を実感できないと世論調査で答えています。

アベノミクスで自分の生活は、全くよくなっていないことは、みんながわかっているのです。

しかし、依然として政権与党の支持率は高いままです。理由は何か。

シンプルに言えば、僕たち野党が情けないからだと思います。

結局、今の政権与党が応援されているというよりも、野党には、期待できないから消去法で現政権を選んでいる人がとても多い印象です。

僕は、こうした現状を踏まえ、やはり国民の皆様に納得を頂けるような、信頼を得られるような政党として立ち直らなければならないと思います。

そうした中で僕たちは、このようにして現状を変えていくという具体的な政策立案と、それを国民の皆様に知って頂くためのマスコミやインターネットを介した発信を、しっかりと行っていく必要があると考えています。

その中で、僕が重視している経済を立て直す政策は、大きく3つあります。

一つ目は、長期的な目線で、公共事業よりも経済効果が高い、「人への投資」を行うことです。前述させて頂きましたが、具体的には、教育の無償化や少子高齢化への抜本的な対策です。

２つ目は、中期的な目線で、ＩｏＴ、ロボット、ＡＩ、ＡＲ、ＶＲ、Ｆｉｎｔｅｃｈ、ドローン、自動運転車などの生産性・利便性を高める最先端技術の戦略的な研究・活用を進め、人々の生活を豊かにする第四次産業革命を牽引することです。また、成長分野である日本のエネルギー産業、健康関連産業、観光産業、農業の魅力をさらに磨き、増大する需要に対して供給できる環境整備を行い、地方にもゆきとどく経済再生を図ることが必要です。

そして３つ目、短期的な目線で、成長と分配を基調とした経済再生を図ることです。

わかりやすく言えば、一部のマーケットの既得権益を持つ人や公共事業にばかりお金をバラまくだけではなく、国民一人ひとりに対してしっかりとお金を流していくということです。頑張って働いた人のお給料がしっかりと上がったり、困っている人にきちんとした援助がなされたりするような、国民一人ひとりにゆきとどく予算配分をしなくてはいけません。

ようやく最低時給を１０００円にしようという話や非正規、正規関係なく、働く全ての人々が社会保険に加入できるような制度を作ろうという話が出てきました。そうした観点で、所得の低い方や地域の隅々にまでお金を流していかなければ、消費行動なんて生まれるわけがありません。そして消費がなければ経済は活性化しません。だからこそ格差を是正し、ボトムからお金が循環する継続的な仕組みを作らなければならないのです。

しかもそれが瞬間的な補助金などではなく、生活のベースとして安定する政策を示してあげなければ意味がありません。

世界経済フォーラムの33歳以下の日本代表に選出頂いた経験を活かし、隅々までゆきわたる景気対策を図り、「頑張れば未来はもっと良くできる」と国民一人ひとりが実感できる成長戦略を実行します。

テクノロジーの進化が社会問題の解決を進めてくれる

少子高齢化の問題に取り組むことは最優先の課題ではありますが、成果が出るまでには20年はかかります。ですから、5年から10年くらいのスパンで効果が期待できる政策を実施していく必要があります。

その中で僕は、第四次産業革命を牽引する政治家でありたいと思っています。日本の経済や今の仕組みを維持する、あるいはさらに良い形にしていくためにはどうすればいいのかと考えたときに、僕は、テクノロジーを進化させる新たな技術革新が重要だと思っています。

具体的な例としては、IoT、AI、ロボット、あるいはVRや、『ポケモンGO』で一気に認知度が上がったARもありますし、Fintech、自動運転車など、新たなテクノロジーは挙げればキリがないほどの可能性を秘めています。

例を挙げれば、IoT化が進めばライフスタイルが大きく変わります。

住宅は、IoTにより住宅内機器同士でのネットワーク化が進み、睡眠・休息・食事・保育・子育てなどのモニタリングポイントとして機能します。

そして住宅のシェアード化（機能提供サービス化）が進み、地価や不動産価格に基づいた価値ではなく、機能サービスの品質やレベルに応じた価値が重視される流れに変化していくことが予測できます。

また、モビリティ（移動性）も大きく変わり、交通事情が変わります。

例えば、パーソナルモビリティ（一人乗りの移動支援機器）がＩｏＴ化すれば、仕事に行くときに車が自動運転で家まで迎えに来て、インターフォンを鳴らして到着を伝えるようなことが現実化します。移動中も、その後に乗る電車やＧＰＳ・交通管制センターなどと通信しながら遅延や事故情報を把握し、自動で最短ルートを検索し、職場まで送り届けてくれ、帰りには最寄り駅まで迎えに来るといったようなことが日常となる時代は近い将来やってきます。

自動運転車のメリットは、疲れないことや事故を起こしにくいことに加え、社会全体のモビリティが最適化されることで移動のムダがなくなり、生産性と利便性が飛躍的に向上することです。

さらに働き方も大きく変化します。一つは、社員一人ひとりのデータを採取してきめ細かくケアをする人に優しいオフィスで働くスタイルが一般的になってきます。

モチベーション・ストレス・健康管理、ケガ・病気のリスク予防と異常検知、勤労状況、技能スキルや業務の評価、ＡＲを活用したスマートグラスによる業務補助などにより、従業員の満足度は飛躍的に高くなり、結果として組織における生産性の向上に繋がります。

もう一つは、ＩＣＴを活用した時間や場所にとらわれない柔軟な働き方、テレワーク的なオフィスを必要としない働き方が進むでしょう。

オンラインで資料を共有しながら、メールやグループチャットでコミュニケーションを図り、ＶＲを活用した仮想オフィスや仮想会議を利用することで在宅勤務が可能になります。

その結果、介護や育児を自宅で行いながら仕事ができるようになると同時に、通勤がなくなるので、時間を有意義に使うことができます。組織としても地方や海外から幅広く多様な人材を確保できるようになります。

またこうした技術は、例えば、成長戦略の大きな柱の一つである観光分野についても活用することができます。観光施策では、地域資源の魅力を磨き、国際競争力を高め、全ての旅行者が、ストレスなく快適に観光を満喫できる環境の整備を行うことで、マーケットのさらなる拡大を目指すということが重要になります。

その中で、VR・AR・ECなど新しい技術を用いて、地域の良さを世界中の方々にPRするノウハウをしっかりと提供することができれば、特徴ある地域の経済活性を促進することが可能となります。

さらに、観光客の受け入れ体制をしっかりと整備するために、シェアード化で宿泊施設を創出することやストレスフリーな通信回線を整備すること。また交通利用環境の改革やキャッシュレス観光の推進、ユニバーサルデザインの実現などソフトインフラの大幅な改善を行えば、観光客が快適に滞在する環境を実現することができ、満足度を向上することができますので、観光産業をより成長させることが可能となります。

その他にも金融・防災・エネルギー・観光・医療・スポーツ・エンターテイメントなど例を挙げればキリがありませんが、さまざまな分野でこれらの技術は社会を必ず便利にしていきますし、時代を担うものになっていくでしょう。

また、経済効率が上がりますから、政府もこの部分を引き上げるような政策を実行すべきですが、まだまだ足りていません。残念ながら欧米諸国に比べ、予算は日本では桁違いについていないのです。

僕が国政で仕事をすることができたときには、特にこの分野について力を入れた取り組みを展開していきたいと思います。

そして暮らしや働き方に劇的な変化をもたらす第四次産業革命をしっかりと牽引し、一人ひとりの生産性・利便性を高めると同時に、お給料も頑張った人の額が頑張った分だけ上がっていくような経済再生を実現します。

④ICTを活用した社会のスマート化と行財政改革の断行

行財政改革のキーワードは、「ICT化」「見える化」「Pay for Success」

行政は、国民の多様化・高度化するニーズに対して限られた資源を最も有効に配分することを、提供方法も含めて求められています。

このような変化にも的確に対応し、高品質で満足度の高いサービスを安定的に提供していくためには、行政資源を効率的かつ効果的に活用できるような行財政システムを確立することが必要不可欠です。

その中で、僕が重要課題として考えているのが、「ＩＣＴを活用した社会のスマート化と行財政改革の断行」です。そしてこれらを実現するキーワードは、「ＩＣＴ化」「見える化」「Pay for Success」です。

今回は、その一例として、いくつかの手法を紹介させて頂きたいと思います。

行政の情報（IT）革命

僕は、政治、行政、医療、教育などの各分野において、ＩＣＴ化をさらに進めて、社会のムダを削減し、人々の生活をスマートなものにしていきたいと考えています。

例えば、駐車禁止の場所に停めている車や壊れている道路を見つけたときに、手持ちの携帯電話にて写真を撮影し、ＧＰＳ情報と共に警察や行政に連絡したりするシステム。これは、行政と住民の距離を縮めるガバメント２・０と言われる取り組みで、韓国やアメリカの一部の州などではすでに実現されています。

こうした国民と行政の距離をスマート化する取り組みを進めることができれば、国民の利便性は向上し、行政事業も効率化されます。

また、住民票の取得や税金納付などの各種手続きを全て携帯電話やスマートフォンでいつでもどこでも行えるようにすれば、国民の生活はとても便利になります。行政側も、受付業務が簡略化されることから事務経費の削減を行うことが可能となり、より必要な所に人材を配置することができます。

さらに、利便性が高まることによって、収納率のアップも見込め歳入も増加します。

そしてまた、ＩＣＴを活用した多様な市民と行政機関職員との意見交換をするための仕組みが用意され、オープンガバメントを推進することができれば、国民一人ひとりの意見が制度や施策に関して反映されやすくなります。国民一人ひとりがその場に参加し、直接自らの考えを述べ、他者の意見に触れるといったリアルな対話の機会を創出することで、国民に寄り添った政策を育むことができる環境が整います。

さらに、クラウドファンディングという手法を並行して活用すれば「こういう事業をやりたいので力を貸してください」と広く国民に呼びかけ、資金を募ることが可能になります。

事業の趣旨に賛同した方々から、少額の寄付という形で出資を募り、事業展開に必要となる資金を調達することで、財源の確保と国民が望む必要な事業の実施ができます。

その他にも、ＩＣＴ化が進めば、政治や行政だけでなく、医療・福祉・介護・治安・教育・子育て・経済・観光などの専門分野においても、社会全体の情報公開、可視化、透明化の流れがより促進されます。

その結果、人々は不信や不安、ストレスを感じることなく、諸々の事象について考え、対策を講ずることができます。この効果は大きいはずです。

世界的に見ても日本はまだ、この領域において十分ではありません。

東証一部に上場したＩＴ企業を創業し、役員を務めた経験を活かして、行政の情報

今の日本は借金だらけ!!
国の借金
何も考えないで借金を重ねてきた旧来型の政治の失敗が原因で、
今の状況は未来を担保に入れお金を借り、目先の生活をしているのと変わりません!
このままでは日本の借金が増えるばかり!
身の丈に合ったシステムを考えよう!
そのためにすべきこととは?

革命には特に力を入れて進めていきたいと思います。

行政事業全体の最適化を目指す

現在、全国の地方自治体は危機的な財政状況にあります。

さらなる事務事業の効率化やコスト削減と、質の高い住民サービスの提供の両立を図ることができるように、自治体は、業務全体を再構築する必要があります。

しかし多くの行政組織における仕事の進め方は、各部局でバラバラに業務が行われており、どの部局がどんな資料を作成していて、どんな情報を持っているのか共有できていないといった現状です。

これによってすでにある資料を再作成してしまうことで、業務が二度手間になってしまったり、ムダが多く発生してしまったりすることとなり、とても非効率的です。

こうした現状を打破するためにも、個々の業務やシステムの効率化を目指す「部分最適」ではなく、全体としての成果・実績を最大化するという「全体最適」を実践することにより、職員一人ひとりの生産性を向上させていくことが必要なのです。

これらを行うために、まず行わなければならないことは、行政事業における業務プロセスの改善です。

企業改革の代表的な概念・手法の一つに「BPR」、いわゆるビジネス・プロセス・リエンジニアリングというものがあります。

これは、業務の生産性や効率化を改善するために、既存の組織や業務内容、プロセスなどを抜本的に見直し、組織活動全体の再構築・最適化を図り、最終的に顧客に対する価値を生み出す一連の活動です。簡単に言えば、業務プロセスを改善することを指します。

行政のICT化が遅々として進まなかった原因は、組織が縦割りであるがゆえに、BPRよりも既存の業務内容や業務体系に合わせたテーラーメードのシステム開発が行われてきたことが一因です。

各所属や職務ごとに独自のシステムが存在し、システム開発経費や運用経費が高止まりしたり、各システム間のデータ連携ができていないので、システムごとにデータの二重入力が発生してしまい、各所属や当該職場内での事務作業は効率的であっても、全体の業務として見た場合には非効率的であったりするということが、往々にしてあるのです。

幅広い行政分野に関して、情報化戦略のトータルデザインを描き、組織横断的なマネジメントを行うことができる専門の人材が不在であることも、それに拍車をかけています。

このように非効率的な業務の進め方が定着してしまっていると、まとめてシステムが設計・発注もできていないためスケールメリットも活用できずに、本当の意味での業務の効率化やコスト削減、住民サービスの向上が望めません。

こうした点において、業務プロセスを「見える化」し、利用する職員やサービスを受ける住民の目線に立って改善点の検討を行い、その結果を情報システムに反映させることが必要です。従来の紙ベースを前提とした事務処理から電子的な事務処理への移行を図るなど、ＢＰＲを踏まえたＩＣＴ化を積極的に推進する必要があります。

全国の地方自治体でも、ＩＣＴ化に基づく業務の効率化を進めていくことができれば生産性は向上します。神奈川県でも僕が議会に提案し続けた結果、ようやく電子化全開宣言にてこうしたビジョンが示され、ＢＰＲを踏まえた業務プロセスの改善が行われることになりました。

今後も効率的で生産的な行政事業の確立に向けた取り組みを進めて参ります。

事業の〝成果〟をわかりやすく伝える手法

今回は、〝成果〟という言葉を強調させて頂きましたが、現在の行政事業の執行方法の中で僕が一番の問題であると考えているのは、その事業にどれだけのコストをかけてどのような成果を上げることができたのかということを数値で判断できていないことです。

例えば、皆様は驚くかもしれませんが、若者の就業支援という事業に１０００万円の予算がついているとして、これに対して事業を執行するときに、現状では「若者を１００人集めて就職セミナーを開催しました。ハローワークで就職相談ビラを１万枚配りました。以上」的な報告がなされるだけで、「その後どうなったのですか?」と尋ねると「予算が単年度（1年単位）なので、その後どうなったかフォローしていないため、わかりません」的な答えが返ってくる事業が多く存在します。

本来であれば、若者の就業支援という事業を行うとすれば、必要な成果は、「○人にセミナーを行った」「○枚のビラを配布した」というアウトプット（仕事量）ではなく、「○人にセミナーを行った結果、○人就職させることができた」というアウトカム（成果指標）を求めなければならないはずであるのに、この〝成果〟と〝アフターフォロー〟は、行政が大の苦手とする分野で、どんな事業でもこの部分の甘さを感じます。

要するに、大枠の予算を確保して、事業を執行しているだけで、その事業の人件費や事業費などで何にいくらかかっていて、何が達成できたのかということを把握していない。もしくは、していても情報公開していない現状があるということです。

これらを改善するためには、行政評価システムにおいて政策・施策の達成度を評価し、その必要性・妥当性・効果・効率性をより詳細に吟味した上で、実施すべき事務事業を的確に選択する必要があります。

そのために、まず必要なことは、「成果を定量的・定性的に判断する政策・事務事業評価の徹底」と「誰にでもわかりやすい評価票の作成」です。

僕が、政治の世界に入って行政の方々と仕事をしたときに、まず驚いたのは、ポイントが絞られていないわかりにくい資料を山積みにされて、数十分間、事業の説明をされて、「残りは読んでおいてください」的な状況が日常茶飯事であったことです。

議員が行う仕事の一つに予算の審議・採決があり、行政側が組んだ予算について、今後どのようにお金を使っていく予定なのかということを細かくチェックするという役割がありますが、神奈川県では、おおよそ3056の事務事業が存在し、全てについて膨大な資料を渡されたとしても、当然全てチェックしきれるわけがありません。

議員たちは、必要なポイントをその膨大な資料の中から間違い探しのように一枚一枚確認して、行政事業の問題点や改善点を指摘しなければならないのです。こんな非効率なことはありません。どんな事業でも通常要点は決まっており、大雑把に言うと「なんの目的で」「費用の総額はいくらで」「どのような目標を達成できたのか」ということだと思います。

この大項目をチェックするために、「目的の背景確認や二重行政のチェック」「費用の総額に占める人件費や事業費などの内訳や費用対効果」「目標となる指標の選定や達成度」などの項目を確認し、要件が満たされていなければそれを追及するというシンプルなものなので、この辺りをしっかりとまとめてくれている事業案や評価資料を基に説明してくれればいいのに、といつも思っていました。

行政側にも、自分たちの作ったものに文句を言われないようにチェック側に対して、極力わかりづらい資料を持ち寄ることでチェック機能を鈍化させようという意図が見え隠れしているように感じるときがありますが、これではあまりにも生産的ではありません。

だからこそ、わかりにくい資料を読み込んでポイントを探すというムダな時間を省いて、要点をまとめるためにも、各事業で行っている政策評価、事務事業評価の方法を進化させ、政策の優先順位を決めるための誰にでもわかりやすい定量的な目標成果指標を作らなければなりません。

行政事業の「見える化」を図るための3つのポイント

「見える化」するという視点は、非常に重要なポイントですが、行うにあたっては、大きく分けて3つのポイントがあります。

まず一つ目は、全事業評価を「トータルコスト」「アウトカム指標」で管理することです。これは、事務事業評価を行う際に「人件費を含んだトータルコスト」や「公益性や成果を定量的に判断できる指標と数値」で管理を行うということです。

トータルコストデータと定量的に数値化されたアウトカム指標があれば、単位あたりのコストを算出することができ、その事業が単価によって費用対効果の高いものであるかどうかを客観的に検証することが可能となります。

具体的に数値化すべき項目は、たくさんあります。

例えば、対象・手段・目的を明確にする「目標指標」とそれらをより詳細に分析するための「各年度の目標値・実績値」「目標達成度」「指標の選択理由」「目標値設定の考え方」「事業状況の分析」やそれらの分析を行うために実際に用いた支出額や人員などを検証する年間経費などの「投入量」。

そして、それらが費用対効果の高いものであるのかどうかなど効率性を検証する「単位あたりの経費」などの項目も設定すべきです。

また、行政資源が行政活動のためにどのように費やされているのか実態を正確に把握することは、行政経営システムを構築する上で重要な取り組みの一つであると考えます。

さらに、「委託料が事業費に占める割合」や「受益者負担率」も同時に検証すべきです。

これらを実現することで、誰にでも一目で状況がわかりやすい資料を作成し、業務の改善を図ることが可能となります。同時に事務事業評価票について効果・成果・意味合いなどが容易に理解できるようになりますので、国民・議員に対するアカウンタビリティの徹底にも繋がります。

2つ目は、全ての事務事業をきちんと検証することです。

例えば京都市では、全ての事務事業を対象に事業所管課や第三者による評価を行っています。その結果、効率化・縮小等により約24億円の財政効果額を実現しています。京都市が事務事業評価を始めた平成15年度〜26年度の総実績を見ると、財政効果額約493億円という数値が実現されました。現状、全国の地方自治体で京都市のような事務事業の評価を行うことができれば、大きな財政効果を得られる可能性がありま す。

また、自主評価あるいは外部評価した全ての事務事業評価票を、HPなどで公開していくことも重要です。膨大な資料を見ずとも、各事務事業の要点が誰にでもわかりやすくなり、事務事業の必要性を判断することが非常に簡単になります。

3つ目は、周辺自治体・民間企業が行っている類似事業の検証をしっかりと行うことです。

これにより、二重行政チェックシステムを構築することができます。

また、民間と行政との役割分担の判断指標を設けることは非常に重要です。

これには、国民が行える役割と行政が行うべき役割を明確にすべく、事務事業評価にて国民と行政の役割分担評価を明確な指標を用いて設定しておくことが有用であると考えます。

行政が国民から徴収した税金を投入して事務事業を実施できるのは、その事務事業に「公共性」があるからに他なりません。しかし、行政活動にはさまざまな性質を有するものがあり、「公共性」があるかないかは、簡単には判断がつきにくいものです。

そこで、まず公益・私益を判断する「公益性」と、必需と選択を判断する「必需性」の2つの軸から「公共性」を検証できるような評価様式を用いて、各事務事業がどういった性質のものであるのか評価することが必要です。また、それらを行う実施主体の妥当性も、同時に判断する必要があります。

さらには、事業の「行政関与の妥当性」や「受益者負担の妥当性」を判断理由も含めて評価票内で評価・検証するべきであり、「当該事務事業を廃止・休止した場合の影響」や「事務事業がどのような状態になれば廃止を検討するのか」もわかりやすく国民・議員へ説明するために、評価票内で評価・検証するべきです。

これらが実現されれば、間違いなく国民視点でのわかりやすい政治行政の見える化が進みます。国では、各府省が実施している約5000ある全ての行政事業をレビューする仕組みが進んでいます。これはこれで非常に素晴らしい仕組みとなっていますが、さらなるブラッシュアップを図っていきたいと思います。また、地方自治体や外郭団体では、まだまだ見える化の取り組みが進んでいないので、全国に浸透させていけるような施策を実行し、予算執行効率の最大化とムダ遣いの全廃を目指します。

行財政改革の鍵となる"Pay for Success"

成果にこだわった行財政改革を実現するためのキーワードとなるのが、成果指標を用いた行政事業システムであるソーシャルインパクト債【Social Impact Bond（通称：ＳＩＢ）】のような"Pay for Success"（成果報酬）の考え方です。

ソーシャルインパクト債とは、民間投資資金を活用して社会問題を解決していこうという新しい成果型の補助金システムです。

行政は必要となる予算を削減でき、民間投資家も成果次第で多くの利回り収入を得られるので、相互の利益を追求するシステムモデルとして注目されています。

日本での認知度は低いものの、G8カンファレンスでイギリスのキャメロン前首相がSIBの重要性についてスピーチをしたり、アメリカのオバマ前大統領がSIBモデルのペイフォーサクセスボンドに1億ドルの予算を計上したりするなど政府、自治体レベルで事例があるほか、オーストラリアやカナダ、ベルギー、ドイツなど世界の多くの国で導入されており、世界的にも注目されているシステムです。

SIBのコンセプトは「成果に対して費用を支払う」というもので、成果指標を取り入れた行政事業や外部委託事業に対して、その成果に応じて委託料・補助金などの報酬を支払うことができます。

またSIBは、成果が出るかわからない事業に行政が取り組む際のリスクを、民間投資家に移転する仕組みでもあります。

SIBでは、行政は最初に立てた目標を達成することができた時点で、初めて民間投資家が立て替えていた分の費用を投資家に支払います。その代わり、民間投資家の支払ったリスクに対しては、目標達成後の余剰成果からプレミアムをつけた報酬を与えます。

つまり、行政側からすると「事業の初期費用を民間投資家に出してもらう」ことで、リスクを低く抑えることができるというわけです。行政はリスクを抑えて新規事業に挑戦でき、投資家はリターンを得られるＷｉｎ－Ｗｉｎの関係が結べるシステムとなります。

例えば、違法薬物依存で再犯を繰り返すような人たちは、どうしたら更生できるのか。行政にも取り締まる側にもその知恵がなく、展開している対策でも効果が上がらないという現状があります。

再犯を繰り返す人がいると、刑務所に入ってもらう費用がかかります。

それを取り締まるための警察の人員の予算も必要になります。

継続的に、ソーシャルコストがかかるわけです。

本来、そういう課題に直面したとき、問題を改善するためにはＰＤＣＡを回して、根本的な問題解決を図る必要があります。

そうした中、アメリカのニューヨーク市刑務所では、金融大手のゴールドマン・サックス（通称：ＧＳ）が資金を拠出し、青少年受刑者の再犯防止を目指す更生プログラムを実施しました。

内容は、ＧＳが非営利団体のＭＤＲＣに９６０万ドルを出資して青少年受刑者の更生プログラムを委託します。そこでもし再犯率が低下し、市の刑務所のコストが下がれば、削減されたコストで債権の金利を上乗せし、ＧＳに返済します。

16～18歳の受刑者が出所後１年で再犯に走る確率は５割と高く、これが下がれば、行政的には刑務所コストを大きく削減することができます。

そこで再犯率を４年後に20％以上、下げるという成果目標を設定し、それをＧＳチームが達成することができれば、ＧＳは最大22％の投資収益を見込めます。逆に再犯率低下が10％以下ならＧＳに補助金を支払わないという仕組みです。

これなら成果目標が具体的な数値であらわされているので、刑務所とＧＳの双方が納得してシステムを利用することができます。

日本の行政について考えたとき、ＳＩＢを取り入れた方がいいのは、例えば「生活保護を受けているひとり親の就業支援」というような事業を打ち出したときです。

現状では、「〇〇人の相談を受けました」というアウトプット（相談を受けているのはインプットですが、投入量の指標目標なのでアウトプットになります。「○○人の相談を受けまして、○○人就業できました」だとアウトカムになります）を活動の指標としている事業が多くあり、その投入量に対して一定の予算を付けたり、事業者に報酬を払っています。

しかしこれでは、実際に相談者が「就業できたのか？」「就業先では安定した収入を得られるのか？」「長期間働くことができるのか？」等の重要な結果にまで目が届いていません。

そこでＳＩＢの考え方を取り入れれば、「支援した結果・成果」に対して費用を支払うことができます。

ＳＩＢは、行政にとってだけでなく民間の投資家にとっても得るものの多いシステムです。

投資家は、ＳＩＢをポートフォリオに組み込むことで、投資のリスクを分散させることができるからです。

こうした観点から、例えば母子家庭・ニート・フリーターの若者・女性などの就業支援をはじめ、予算がある程度大規模で、成果をわかりやすく数値化しやすいものに関しては、ＳＩＢを取り入れやすいのではないかと考えます。

行政としても予算が縮小する中で、「事業実施」ではなく「成果」に対して予算を投下する“Pay for Success”というコンセプトの成果主義を取り入れた補助金・交付金で事業委託を行うことができるシステムは、予算執行効率を最大化することが可能になります。そしてアウトプットではなくアウトカムを得られる事業執行であり、非常に有用であると考えます。

神奈川県でもこういった仕組みについて、２０１３年12月に行った僕の本会議での質問において、黒岩祐治神奈川県知事から、公式な場で研究するとの発言を頂いています。これはおそらく日本では初めてのことであり、この神奈川県の動きを世界中が注目していると思います。２０１５年4月には、ＳＩＢの導入可能性と課題を記した調査報告書が神奈川県から示されましたので、今後の進展に期待したいと思います。

原発ゼロの覚悟と決意

２０１６年10月に行われた世論調査では、原子力発電所を近い将来ゼロにしてほしいという声が約60％、直ちにゼロにしてほしいという声の約15％と合わせると原発をなくしてほしいという声は約75％と非常に大きなものになっています。

僕が、他の方よりも当時の首相官邸の近くにいた者として学んだことは、原子力発電所は、現時点においては人間と共存できないということです。

僕自身、２０１１年の東日本大震災の発生以降、気仙沼、石巻、女川、南三陸、東松島、南相馬、楢葉、双葉などを中心に30回ほど現地入りさせて頂き、ボランティア活動や視察などを積み重ねてきました。

その中で、一番印象に残っているのが、福島の原子力発電所を視察したときのことです。

福島第一原子力発電所、半径20キロ圏内の立ち入り禁止区域の状態を見たとき、そこに住んでいる人たちが何十年、何百年もの年月をかけて作り上げてきた文化、伝統、芸術、そして、何億円・何兆円もの資金をかけて作り上げてきた道路、ガードレール、ビル、住宅などの建物が一瞬にして失われてしまったという現実をつきつけられたのでした。

目の当たりにした光景に、これがもし日本の中心部である東京、神奈川にまで事故の被害が及んでいたとしたらどうなっていたんだろう……と背筋が凍るような思いをしました。

しかもこれが現実的に起こる可能性があったわけです。

東日本大震災の発生当日、２０１１年3月11日19時には、すでにメルトダウンを起こし、その後、メルトスルー事故まで発展しているということがわかっています。流れ出た核燃料が格納容器の外まで出ていれば、国土の3分の1が放射性物質に汚染され、東京、神奈川を含む東日本に何十年も人が住めなくなり、５０００万人の人が避難しなければならない状況が起こり得るという最悪の事態が想定されました。

もしそうなってしまったら国会、各省庁、最高裁判所、多くの上場企業の本社が集約されている東京が機能不全に陥り、東日本の国土、領域を失うということになり、日本にとって致命傷に近いほどのダメージを負うことになっていたと思います。

そしてまた、今回はたまたま日本だけの被害で収まりましたが、もしお隣の韓国、台湾、中国まで脅かすような事故になったとしたら、あたりまえですがPM2・5や黄砂などの比ではなく、賠償額も天文学的な数値になっていたことが予測されます。

そうした中、仮に自分自身が時の総理だったとしても、他の誰かが総理だったとしても、あの時点、あの状況で原発をコントロールすることは、どうシミュレーションしても不可能だったと思います。

災害対策は、備えが全て。事故を教訓に、どうすれば被害を最小限にとどめることができたのかを検証し、シビアアクシデントに対する体制を抜本的に整備する必要があります。

「社会が災害対策にどこまで投資できるかがその国の成熟度を示す」という言葉の通り、防災施策に携わる者が、社会に対する責任として、国民の生命、身体及び財産を災害から保護し、社会秩序の維持と公共福祉の確保に資する災害対策の計画を策定・

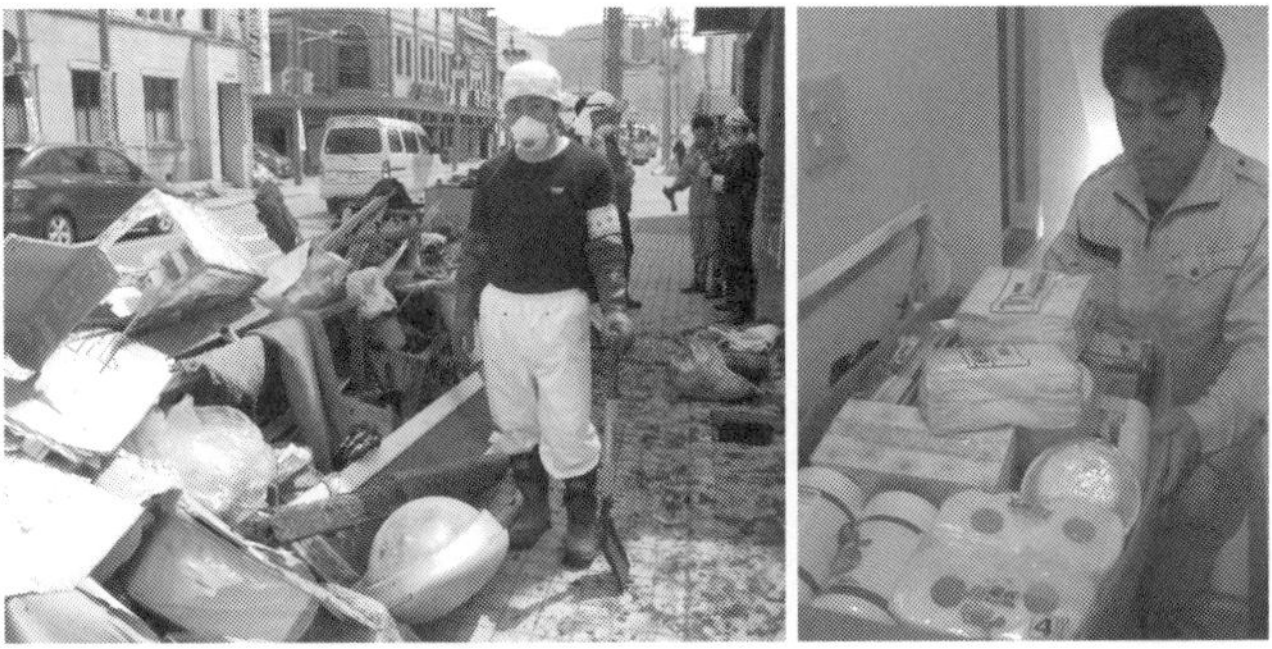

東日本大震災発生当時の支援活動

福島第一原子力発電所半径20キロ圏内の立入禁止区域を視察

実行しなければなりません。

そして、今後はやはり原子力に依存しない社会を作る必要があります。

僕は、今回、〝たまたま〟被害が大きく広がらなかっただけで、一歩間違えば東日本の国土がほとんど使用不能になってしまったかもしれない重大な事故であったということを痛感しています。

その中で、安倍政権が「エネルギー基本計画」において、原子力発電所を「重要なベース（基幹）電源である」と位置付けていることは、僕の個人的な見解で言えば、考え直す必要があると思います。

また、原子力発電所の再稼働については、世論調査で国民の約6割が「反対」。賛成は、約半分の3割程度に過ぎません。自民党支持層でも反対の方が多い現状です。

再稼働の議論よりもまず行わなければならないことは、
・安全な避難計画の策定
・東日本大震災の反省を踏まえた原子力防災対策
・万一事故が起こった場合の、迅速な被災者支援体制の整備

福島の原子力発電所を視察

を急ピッチで進めることだと思います。

さらに僕のエネルギーに関する見解を申し上げれば、僕たちの現状は、「原子力発電に頼るか頼らないかの時代」ではなく、「原子力発電に頼れない時代」であるという明確な認識を持ち、その覚悟の上に再生可能エネルギーや先端技術の活用などエネルギーの新たなベストミックスモデルを構築することによる新しい時代づくりを始める勇気が試されていると思います。

具体的に言えば〝2030年代　原発ゼロ〟を目指した取り組みを進めていかなければならないと僕は考えています。

現在を生きる世代の損得だけで、将来世代の未来を奪うことは決して許されないことです。僕たちは、福島原発事故を教訓とし、子どもたちの未来への責任を果たすべく、あらゆる知見を集めて原発に頼らない社会の構築に向けた取り組みを始めなければなりません。

2030年代　原発ゼロに向けて、行わなければならないこと

私感で申し上げますと、原子力発電所は、一言で言えば、まだ実用可能段階でなかったということなのだと思います。

例えば仮に、30年後、50年後、進行波炉型や核燃料サイクル技術が完成するとして、その将来的な使用可能性まで否定するつもりはありませんが、現時点の人工的にプルトニウムなど放射性物質を生み出し、それを再処理できないレベルの技術である以上は、人間と共存できないというのが、福島原発事故における僕の教訓です。

こうした観点から、国策にて今まで原子力発電所に依存した形の経済・産業構造を作り、雇用を創出してきた現状を踏まえて、構造転換を行うことが必要です。

具体的には、エネルギー安全保障体制の確立に向けて、安全で災害に強いエネルギー利用の諸施策を構築することが必要です。

また、エネルギー源の多様化をはかる観点から、再生可能エネルギーの普及拡大に取り組まなければなりません。

加えて、新技術の研究・開発を促進し、エネルギー源並びに調達源の多様化によるエネルギーミックスの実現を目指すことが重要です。そして国策の原子力産業で働いてきた人たちや、福島原発事故周辺地域の住民には何の罪もありません。電力の安定供給と国民負担に最大限配慮しつつ、地域の産業と雇用を創出し、経済・労働環境の改善に万全を期した政策が求められています。

極論は、歯切れが良く聞こえて刺激的です。

しかしながら、僕が政治運営にとって最も重要だと考えていることは、全ての人の意見を複合的に判断できるバランス感覚です。

ですから僕は「明日から廃炉のような極端な反原発」や「明日から再稼働のような極端な推進路線」ではなく、しっかりとした産業構造の転換を踏まえた地域経済の発展と安心できる雇用を担保させるモデルを確立することが必要不可欠だと考えています。

その中で、〝2030年代　原発ゼロ〟に向けて解決すべき課題は、大きく分けて左記の9つです。

（1）発送電分離や電力系統強化等、電力システム改革によるエネルギー産業の競争力強化

（2）再生可能エネルギーの利用拡大及びエネルギー効率向上による成長戦略・地球温暖化対策

（3）新たな分散型エネルギーシステムに関する国際的な協力体制の構築

（4）電力の安定供給を維持し、電力料金の高騰を防ぐ対策（特に化石燃料調達対応）

（5）電力会社の経営問題に対するフォローと対策

（6）ピーク時電力供給の確保及びピークカットのための施策（節電を含む）

（7）核燃料サイクルの抜本的な見直しを前提とした使用済み核燃料の管理・処理の進め方

（8）原発関係施設立地及び周辺地域においての雇用確保と、地域自立型経済に転換するための積極的な支援

（9）核廃棄物の処理及び廃炉、汚染対策、核セキュリティ、医療等における原子力関連の技術の研究レベルの向上並びにそれらのための人材の確保

など、これらの課題を改善するための取り組みを前に進めていく必要があります。

産業構造の転換における実例と展望(雇用・地域経済)

そうした中、2016年6月、宮城県東松島市に「東松島市スマート防災エコタウン」という自営線による「マイクログリッド」を活用した初めての街づくりがスタートしました。

これは今ある技術を用い、環境への配慮やエネルギー活用のあり方、防災力の向上、さらには地域活性化を目指した災害に対応した街づくりの事例として、広く注目されています。

2012年、菅直人元首相、ポールトゥウィン・ピットクルーホールディングス(通称:PPHD)の橘民義会長、東松島市の古山守夫復興政策部長(現副市長)と職員の皆様たちとデンマークにてさまざまな自然エネルギーの活用を視察させて頂いた際、東松島市の皆様が「東松島市は、自然エネルギーで経済と雇用を作るんだ」と夢を熱弁されていたことを昨日のことのように思い出します。

このように、未来モデルの形を成果として示されている現状を見ると、とても感慨深い思いです。

特徴は、日本初の「自営線によるマイクログリッド」と「分散型電源」によるコジェネレーション（熱電併給）システムの採用です。

マイクログリッドは、既存電力会社（東京電力など）の大規模発電所から送られてくる電力への依存を少なくする、エネルギー供給源と消費施設を持つ小規模なエネルギー・ネットワークのことをいいます。

「自営線によるマイクログリッド」は、街や都市の理想的なあり方の一つです。

エネルギー源としては分散型電源が使われます。これは太陽光発電や風力発電、バイオマス発電などの再生可能エネルギー、コジェネレーション（熱電併給）と呼ばれる新たな方式のシステムによるものです。

市町村や集落に分散型電源による発電設備を持ち、生み出したエネルギーをそれぞれの地域で消費する、つまりエネルギーの「地産地消」を実現するのが、マイクログリッドの第一の特徴です。

しかし、マイクログリッドにもデメリットはあります。

分散型電源を基本とするわけですが、太陽光発電や水力発電、風力発電は天候の状況に左右されがちです。つまり、電力供給の安定性に欠けるわけです。

また、電力消費が多くなるピーク時間帯（オフィスなどでは昼、家庭では朝や夜）に電力が足りなくなった場合にどうするのかも課題となります。

このような課題に対し、複数の電源を組み合わせて電力の安定供給を実現しようというのが、マイクログリッドの基本的な考え方なのです。

これらを補完する創エネや蓄エネの技術はすでに確立され、世界でもハイレベルであるにもかかわらず、国の制度や組織の問題で進んでいない現状があるので、これらの産業構造を転換していかなければなりません。

また、高知県檮原町《ゆすはら》は「自然エネルギー自給率100％」を目標に自然エネルギーを活用した街づくりを行っています。

全国に先駆けて再生可能エネルギー導入をはじめとするCO$_2$の排出を抑えた環境

配慮の各種取り組みを行ってきた町の一つです。

僕も、檮原町の取り組みの経緯や内容について、小水力・風力・太陽光・バイオマス発電や地中熱エネルギーの活用等の話を伺って参りました。

2012年時点での自給率が28・5%で、2050年を目途に100%の実現に向けた取り組みを進めていかれるということです。

こうした地域の事情に合わせた経済活動・雇用創出が促進されるトライアルを全国でもっともっと加速させられるような制度設計を国でしっかりと進めることが必要です。

再生可能エネルギーは、CO_2を出さないことや放射能も関係ないという利点もありますが、最大の利点は、原材料を輸入しなくていいことです。太陽の光も風も誰のものでもありませんから、原料が基本的に無料で誰かにお金を払う必要がありません。日本は幸いにも、日照時間は長いですし、風もあります。海に囲まれていて、山があるので、海から蒸発した水が山にあたり、雨も降ります。太陽、風、水が揃っている日本は、再生可能エネルギーにとても適した国です。そして日本列島にふりそそぐ太陽のエネルギーを活用すれば、必要な全てのエネルギーは国内で自給できるという試算もあります。

世界の戦争、紛争の大半は、人口、食糧、エネルギーが問題で起こります。

そうした観点で見れば、再生可能エネルギーの普及は、世界中から戦争や紛争の原因を取り除ける可能性もあります。地球上のどこにでも自然のエネルギー源があるので、どの国もエネルギーを自給できるようになります。エネルギー問題が解決すれば、水や食糧問題の解決にも繋がります。つまり、再生可能エネルギーの普及は、結果として国際紛争の原因をなくすこととなり、平和に繋がると確信しています。

こうした観点から、まず2030年代までに総発電量に占める再生可能エネルギーによる電力の割合を4割以上にすることが、僕の目標の一つです。

「原発のない社会」の実現を目指して

民進党の議員を中心とした原発のない社会を目指す〝グリーンテーブル〟というグ

ループがあります。この会は、僕も副代表を務めさせて頂いており、原発ゼロという目標を達成するために、具体策や工程表をどのように考えるべきかという研究を重ねています。目標は同じでも意見はさまざまです。

例えば、参加者からは、

「1日でも早く原発をなくしていく活動をすべきだと思う。民進党として大きく3つ。

一つ目は、憲法違反の安保法制はダメ。海外での武力行使はしない。2つ目は、原発ゼロを目指す。

菅直人元首相、PPHDの橘民義会長、東松島市の皆様らとデンマークにて再生可能エネルギーの研究を視察。メディアからの取材を受けたときの光景

3つ目は、人への投資を行う。ステークホルダーと産業や雇用のあり方も議論を重ねた上で、最後は政党の信念で進む」

「福島原発事故から5年半以上経過し、原発が1基も稼働しなくても電力は不足しないことが証明された。即原発ゼロを目指し、再稼働もさせないで、順次廃炉にしていくべきだ」

「脱原発は、戦争のない、核兵器のない世界に繋がる。誰よりもフットワーク軽く説得力を持って脱原発を前に進めていく。原発ゼロを可能と

再生可能エネルギー施設を視察

するよう、あらゆる政策資源を投入する」

といったような多様な発言がなされています。ただ共通して言えることは、〝原発ゼロ社会〟の実現を目指して進むべきだということです。

僕も創立メンバーの一人として、自然エネルギーの普及・創エネ・省エネ・蓄エネの推進、小規模分散型モデルの導入拡大・水素エネルギー・シェールガス・メタンハイドレートなど新たな燃料の活用など、さまざまなエネルギーのベストミックスモデルの構築による産業構造の転換を図ることで、強い経済、安心雇用を担保した〝2030年代　原発ゼロ〟を実現すべく今後も精進して参ります。

平和・人権を基調とした国民主導の国づくりを目指す

殴られたら痛い。殴ったら殴り返される。あたりまえのことですが、暴力は負の連鎖をします。

しかしながら人は、自分自身、もしくは身近な人以外の痛みに鈍感になりがちです。

テレビの中で戦争が起こっていても、自分たちが選んだ政治がそれを遂行したとしても、間接的にその加害者になっていたとしても、体感を伴わない苦しみを黙認します。

そして今は、あまりにも人の痛みが実感できない人が、指導者として人の上に立っている気がします。

だからこそ、僕は、国民と同じ目線で現地・現場の声を届けようとすることのできる、人の心の痛みがわかる政治が必要だと思います。

そうした中、現在自民党から示されている憲法改正草案は、基本的人権の尊重、表現の自由、戦争放棄が削除されるなど、戦前回帰した内容となっています。

また、集団的自衛権については約98％の憲法学者が違憲だと批判し、約80％の国民が説明不足だと声を上げる中で強行採決を行うなど、安倍政権は、これまで「憲法」と「平和」を軽んじた政権運営を続けてきました。

憲法は、主権者である国民が国を成り立たせるに際し、国家権力の行使について統治機構のあり方を定めた上で一定の権限を与えると同時に、その権限の行使が国民の自由や権利を侵害することのないよう制約を課すものであって、時の権力が自らの倫理観を国民に押し付けるものではありません。

僕たちは、こうした権力の暴走に歯止めをかけるためにも、「国民主権」「基本的人権の尊重」「平和主義」を基調とした立憲民主主義を守ります。海外の紛争に武力をもって介入しないという理念を原則として、現政権下での憲法9条の改正には真っ向から反対し、平和主義を貫きます。

そして国民の暮らしと生活を現実的に守るため、防衛は、「平和」を基調に、我が国の主権と領土・領海・領空を徹底的に守る自主防衛力の強化に万全の体制を期した上で、専守防衛に徹し、現実的かつ抑制的に平和を守ります。

また、現行の安全保障法制については、憲法違反など問題のある部分を修正し、現行憲法下で可能な「自衛権」行使のあり方を具体化し、必要な法整備を実施します。

そして領土問題は、外交交渉や国際司法裁判所等を通じた平和的な解決を目指します。

さらに外交では、世界と日本の経済・社会を元気にする経済外交を推進し、共生を目指すアジア外交に加え、欧米諸国との関係の深化を目指し、人道的な国際貢献を進めます。

そして国内の平和を守ることも重要です。

国民の安心・安全の確保のために、警察の役割は重大であり、日頃からの警備体制の確立・強化が喫緊の課題です。

国内で多発している振り込め詐欺やひったくり等の身近な犯罪、サイバー犯罪や違法・脱法ドラッグなどの新しい形態の犯罪が後を絶たず、その対策をしっかりと講じ、徹底的な取締りの強化を行っていかなければなりません。

犯罪防止のために、地域住民と連携した積極的な対応が求められていますので、しっかりと対策を講じることで、国民の皆様の体感治安を向上させられるように防犯強化に尽力します。

こうした多方面的な観点から、僕は、「平和な社会」を創りたいと考えています。

〝全ての生きる人にとって、平和と豊かさがいつもいつまでも享受できる持続可能な社会〟

という理想に一歩でも近づけるように、今後も暴力と貧困の根絶を目指して粉骨砕身頑張ります。

この本をご高覧くださった皆様の中で、この想いに賛同して頂ける方がいらっしゃいましたら、是非こうした活動を応援してください。至らぬ若輩者ですが今後ともご指導のほどよろしくお願い申し上げます。

※その他にも、各分野のより詳細な政策について記載したかったのですが、ページの関係上、この程度でまとめさせて頂きたいと思います。ご興味をお持ちの方は、左記URLの政策集にアクセス頂けましたら幸いです。

http://kazumanakatani.com/vision

時代が大きく動き始めた

２０１６年11月8日に行われたアメリカ大統領選挙において、ドナルド・トランプ氏が次期大統領に選出されました。初の女性大統領を目指したヒラリー・クリントン氏は惜敗しました。

トランプ氏の基本的な考え方である「アメリカ・ファースト」は、アメリカが世界の秩序よりも自分の国のことを最優先にしようという考え方であり、超大国アメリカ合衆国の覇権が世界の平和と秩序を形成した「パックス・アメリカーナ」が事実上、終焉することを意味します。

アメリカの大統領選挙における結果は、自分自身も今後の国の展望について深く考える機会となりました。

トランプ氏に投票した人の多くは、国のあるいは自分の「いま」に対して非常に大きな不満とフラストレーションを持っており、現状を変えたいという想いで票を投じたのだと思います。

2016年は、イギリスのEU離脱、アメリカのトランプ大統領の選出など世界情勢が大きく動いた年となりました。

今後、トランプ氏という未知数の人物が大統領を務められることは、先行きの展望が描きづらい状況だと感じています。

僕個人としては、トランプ氏に対して、人権問題に取り組む友人であるヒューマン・ライツ・ウォッチの吉岡利代さんから教えて頂いた、「お互いの違いを受け入れ、愛を持って接する」ことから始めていきたいと思います。

ただ、全ての生きる人たちの尊厳を守り、マイノリティの権利を守る多様性は世界にとって必要不可欠です。トランプ氏の過去の言動とは異なる寛容な行動を期待したいと思います。

また、世界的にグローバリゼーションの恩恵を受けている国と人が二極化し、矛盾のうねりが不平不満として、ガスのように充満し始めている時代の雰囲気に少し不安を感じます。

その中で、確信的に言えることとは、大きく2つです。

一つ目は、格差が思っている以上に大きく開いているということ。

2つ目は、世界国民の多くが、現状の政治システムに不平不満を持ち、改革を望んでいるということです。

安定よりも改革が先行する動乱の時代は、現在のシステムを大きく変化させる可能性があります。

不安定になりますが、既存システムの中で恩恵を受けられなかった人々や国にとっては、チャンスも多くなる時代になります。

どんな事象が起こったとしても、政治には、前を向いて進む以外の選択肢はありません。ポジティブに捉えて前進するしかないのです。

日米同盟を基軸とした経済、外交、防衛などのレジームと向き合い、日本が培ってきた〝平和〟で〝豊かな〟社会をどのようにして守り、次の世代にバトンを引き継いでいくのか、僕たち国民一人ひとりの挑戦が求められていると思います。

僕自身も新たなフェーズに入った時代の中で、求められる政治家となれるよう、さらに研鑽を重ね、国民の代弁者として、日々精進して参ります。

また、既存の政治システムに不満を持つ国民の皆様にとって、より良い変革をもたらすことができる改革の新たな選択肢として、ご信頼を頂けるように粉骨砕身頑張ります。

おわりに――社会の一隅を照らす政治

落選してから、辛く厳しい日々を過ごす中、自問自答し、さまざまな葛藤を繰り返し、僕なんかが、と何度も思いました。

おまえなんかが、と何度も言われました。

それでも立ち上がってみよう、と思いました。

それは、やはり前を向いて行動しなければ、何も変えられないからです。

絶対に負けてはいけない戦いがあるということを学んだからこそ、次こそは、みんなの期待に応えられるような結果を出したい。

その想いだけで今日まで歩んできました。

死んだらどうなる。世の中に永遠に繁栄したものは一つもない。

無に還るのかもしれない。

どうせなくなるのならこの一時代に華を咲かせよう。

どんな華がよいか。

どうせなら人の役に立つ人生でありたい。ならば政治家だ。

そんな死生観を初心として、僕は政治家を志しました。

では何をするのか。どのようにして人の役に立つのか。どんな国を作るのか。

幼少期、貧しさと暴力が身近にある環境・境遇で育ちました。

どうすれば、貧乏から抜け出せるのか。どうすれば、暴力をなくすことができるのか。誰よりも考えて生きてきました。

だからこそ、豊かさと平和の尊さは、誰よりも身に染みて感じています。

そんな世の中の矛盾の中で生きてきた自分だからこそ、できる政治があると思っています。

生まれ育った境遇で、その後の人生が決まってしまうような環境を打破するためにも、全ての人に等しく機会とチャンスを提供できる政策を必ず実行します。そして僕は、その先に〝全ての生きる人が豊かさと平和を享受できるサステイナブルな世の中〟を創りたいと考えています。

貧困と暴力を根絶するためには、何をすべきなのか。

この理想を追求するためには、何をすればよいのか。

世の中をより良くするためには、一人ひとりが社会の〝一隅を照らす〟ことが大切です。

国民一人ひとりが社会の問題点に対して、自分の見える範囲のことをできる限り改善をする。仮に、この世に生きる全ての人が、ステージに応じた社会の問題点を真剣に考え、それを解決するためにアプローチできる社会を創れれば、理想の世の中は、必ず実現できると確信しています。

その中で僕は、自分自身の体験から得た、どんな人でも「やればなんでもできる」「努力し続ければ、夢は叶えられる」という想いを自らが体現し、社会で実証したいと考えています。

現状に屈するか、未来を拓くか。全ては、僕たち自身の行動が未来を決めます。

僕が掲げる理想の世の中を創るには、20年、30年、もしくは100年かかるかもしれません。

それでも、この改革を諦めずに断行することが、人類の希望に繋がると信じて走りたい。

僕は、決して理想の社会創りを諦めません。

そして国民の期待を裏切りません。

だからこそ、想いに共感してくれる人は、僕に手を貸してください。

この国、そして国民の未来のために。

皆様も大事な誰かのために、一人ひとりの未来をより良くするために、行動を起こしてほしいのです。

「諦めずにやり続ければ夢は必ず実現できる」

この信念をモットーに、僕は地域から日本を変え、日本から世界を変え、世界から未来を変えていく。少なくとも、僕たち若者世代が社会のトップに立つときには、他のどの世代がトップに立っていたときよりも〝理想〟に一番近い時代を実現したいと考えています。

今までどの世代も成しえなかった〝全ての生きる人が幸せであることができる〟夢物語のような世界を僕たちみんなの力で創っていくことが、僕の政治家としての野望であり目標です。

途方もない目標ですが、誰かがその一歩を踏み出すことで道が切り拓けると信じています。

だからこそ、僕は唱え続けます。

〝全ての生きる人にとって、平和と豊かさがいつもいつまでも享受できる持続可能な社会〟

が必要だと。

人々の平和で豊かな生活を守るために、僕の政治家としての大きな目標である「世界平和」の実現に向けてこれからも僕は闘い続けます。

中谷一馬

アクセス

中谷一馬は、身近でいつでも気軽にコンタクトがとれる政治家を目指しています。
応援したいという気持ちで連絡くださる方、ＳＮＳでの交流も大歓迎です。
何かお役に立てることがあればいつでもご連絡ください。

HP : http://kazumanakatani.com/
Email : info@kazumanakatani.com

■ＳＮＳ

Twitter: @kazuma_nakatani
Facebook: NakataniKazuma
Instagram: kazuma_nakatani
mixi: http://mixi.jp/show_friend.pl?id=30426335

中谷一馬の活動を応援してください

①寄付のお願い

政治活動を支えて頂くため、皆様に寄付のお願いをしています。中谷一馬は、お金のかからない政治を目指していますが、事務所代、印刷費、広報費、人件費等に資金が必要となります。物を売るのとは違い、形がないものにお金を出して頂くのは大変恐縮ではございますが、僕の信念と熱意を買ってください。皆様のご理解とご協力を賜りますよう心からお願い申し上げます。

振込口座（1）
ゆうちょ銀行028（ゼロニハチ）支店　口座　普通0199214１
中谷一馬を応援する会

振込口座（2）
三井住友銀行　日吉支店　口座　普通0144594　中谷一馬を応援する会

インターネットからの寄付も受け付けています。

詳しくは、ウェブサイトにアクセスをお願いします。

URL：http://kazumanakatani.com/supporter/s04

②ボランティアスタッフ・インターン生の募集

街頭活動でのビラ配布やポスター掲示、ポスティングなど政治活動をお手伝いしてくれる方を募集しています。1時間でも構いません。お手伝いを頂ける方は左記のウェブサイトからお申込みをお願いします。
URL：http://kazumanakatani.com/supporter/s01
URL：http://kazumanakatani.com/supporter/s02

③中谷一馬を応援する会への参加のお願い

中谷一馬を応援しようと共感してくださった方は、是非、応援する会に入会してください。難しいことは特にありません。お気持ちが何よりありがたいです。ご興味を持ってくださった方は、下記のウェブサイトからお申込み、問い合わせ頂けますので、是非ご連絡ください。

URL：http://kazumanakatani.com/supporter/s03

④どんなことでもよいので、とにかく中谷一馬を応援してください。

小さな力が大きな力になります。どんな方法でも結構ですので、何かの支援をしたいと仰ってくださる方は左記のウェブサイトよりご連絡ください。

URL：http://kazumanakatani.com/supporter

応援者の声

菅直人 Kan Naoto　第94代内閣総理大臣　衆議院議員

◆若いながらも信頼できる男。

中谷一馬くんは、私の秘書を約3年間務め、同世代の若者を引っ張り、大いにリーダーシップを発揮してくれました。と同時に中谷くんと話をする中で、政治に対する思いの強さを感じ、私自身が初出馬したときを思い出しました。困難にぶつかっても決してめげることなく挑戦し続ける。若いながらも、非常に信頼に足る男です。そんな中谷くんならば、地元・横浜から日本をより良い方向に変えてくれるものと大いに期待しています。

蓮舫 Renho　民進党代表　参議院議員

◆素直で真っ直ぐな心。

政治家にとって必要な資質とは、いったい何でしょうか。優れた政策、堅い意思。

それはもちろんでしょう。しかし私はこうも思うのです。政治家にとって大切なものは「素直で真っ直ぐな心」ではないかと。

忠告を真摯に受け止め、反省する心。他人の痛みを自分の痛みのように捉え、共感する心。言葉にすることは簡単ですが、実行することは難しい。中谷一馬くんは、そのような人として大切なものを持っている人物です。私は、中谷くんの素直で真っ直ぐな想いに心から期待しています。

細野豪志 Hosono Goshi　民進党代表代行　衆議院議員

◈今こそ国政に必要な政治家。

私が中谷さんと初めてあったのは、彼が学生のときです。

政治に対する熱い思いを語ってくれました。あれから秘書、県議会議員を経験する中で、中谷さんの情熱はますます熱いものになり、理念政策は具体的なものになっています。また、この間、ビジネスでも成功を収め、経営者にも多くの友人を持っています。中谷さんのようなベンチャーマインドを併せ持った政治家が、今こそ国政には必要です。

江田憲司 Eda Kenji　民進党代表代行　衆議院議員

◈未来を託す人財を育ててください。

中谷一馬くんは、幼少期に苦労した経験から、社会の矛盾を打破しようと政策の立案・実施を通した社会変革・形成に人生を投じる決意で、日々奮闘しています。若さゆえに未熟な部分もあるかもしれません。しかし、それも旧来型発想の政治家にはない長所だと寛容に受け入れ、責任世代の新しい政治家を皆様に育てて頂きたいのです。中谷くんの信念、情熱、そして真っ直ぐな志に期待しています。若者が夢を持ち、お年寄りに長生きしてよかったと言って頂ける国づくりを共に実現しましょう。

国民の皆様に鍛えられ、国政の場で活躍することを念願しています。

馬淵澄夫 Mabuchi Sumio　民進党選対委員長　衆議院議員

◈既定路線できた者にはない、力強さに期待。

党選対委員長として百数十人の公認希望者と面談し、各選挙区に足を運んだ中で、「この人には頑張ってもらいたい！」と思った一人が、中谷一馬くんです。

既定路線できた者にはない、力強さを放つ彼には、険しい道を歩んできた経験を自らの活力に変換し、パワーアップさせる能力が備わっているようです。彼の応援団は必ずしも政治に深い関心がある人ではなく、〝中谷一馬が頑張っていること〟を応援しようという仲間たちです。従来の殻を打破し、仲間と共に挑戦する中谷一馬くんの活躍に期待しています。

真山勇一 Mayama Yuichi 元日本テレビニュースキャスター 参議院議員

◆人生の負を正にする力。政治を目指す若者の自分史。

中谷一馬くんを知ったのは、2016年の参議院選挙のとき。私の応援に駆けつけてくれた彼の第一印象は礼儀正しくてパワフルな青年、そして親身になって助っ人をしてくれ、無理かとも思われた激戦を制し、私は当選を手に入れることができた。今、彼は政治に燃えている。誰にも負けないその熱い想いは彼の生い立ちが育んだ。たとえ厳しい境遇であっても自分の思い通りにいかなくても、諦めずに立ち上がる。キャスター、国会議員という仕事を通して私が出会った多くの人の中でも心を奪われる一人だ。

今、もしあなたが人生に迷っていたり悩んでいたりしたら、中谷一馬が語るこの自分史を共有してみてほしい。

柏木教一 Kashiwagi Kyoichi　連合神奈川会長

◆困っている人、弱い人の痛みが本当にわかる人間。

長時間労働、所得格差、ブラック企業、そして女性の不平等問題など、働く私たちを取り巻く環境は、いまだ数多くの難題に溢れています。

政府の失策による暮らしの底割れや格差拡大を食い止め、日々真面目に働く人々こそが報われる社会をつくる。それを実現するのは、苦労の味を知り、人の痛みのわかる、若く活力に溢れた中谷さんをおいてほかにおりません。

「くらしの安心を守り抜く」、その実行力に期待しています。

今井秀智 Imai Hidenori　國學院大學法科大学院教授　弁護士　一般社団法人リーガルパーク代表理事

◆実直でパワフルな政界の次世代ホープ。

現代日本の長寿高齢化社会の一番の問題は、若い世代への代替わりができていないことだ。家族でも会社でも、そして政治の世界でもしかりである。

政界の次世代のホープ・中谷一馬を国政の檜舞台に引き上げるのにむしろ遅いくらいだ。

実直かつパワフルで将来を嘱望されている彼の唯一の弱点は、「若輩者」を言い訳に全ての人に気を配りすぎること。周りに遠慮せず、「全てを私に任せろ！」と言わせたい。

その自信と自惚れが中谷一馬をもっと強くする。

國光宏尚 Kunimitsu Hironao　(株)ｇｕｍｉ代表取締役社長

◆この男なくして政治に未来はない。

10年前、僕が会社を始めたころ、彼も僕も野心はあるが力がない状態で、お互い助け合いながら頑張ろうと意気投合し、それからずっと親しくしています。何よりもい い奴で勉強熱心だから、つい応援したくなってしまいます。一馬は、地べたからやってきているから、きちんと不遇な人たちの気持ちも理解してくれるし、もちろん社会的に地位のある人たちの事情も知っています。政治の世界では、そのどちらに傾いてしまってもいけないと思います。だからこそ、どちらも知っている一馬には期待ができます。

橘民義 Tachibana Tamiyoshi ポールトゥウィン・ピットクルーホールディングス（株）代表取締役会長

◈時代の先を読み、市民サイドに立つ。

中谷一馬は聡明だ。次々と繰り出す彼の政策は、時代を読んでいるばかりか常に市民サイドに立つ。親子くらい年上の私でも決して世代間の違いを感じないし、政治感覚にも違和感を覚えない。東日本大震災における官邸と東電の事故対応をドラマ化した映画「太陽の蓋」上映会のとき、アフタートークでの中谷一馬の発言には、皆が聞き入った。原発に関する考えもはっきりしている。市民ととことん話し合い、お互いの生きざまを交換できるのが、中谷くんの持ち味だ。こんな貴重な若者こそ政治家になってほしい。

海老根智仁 Ebine Tomohito　（株）オプト創業者　デジタルハリウッド大学院教授

◆目標を着実に達成する男。

私は、政党を支持しているわけではありませんが、個人を応援したいと思わせるまめさとおおらかな人徳が中谷一馬くんの魅力だと思います。彼は、国家ビジョンに明確な目標を持っています。目標のある人は、目標と現実には差があることを常に感じ、その差を埋めようと必死で努力します。だから成長しますし、問題も成長の糧だと考えられます。彼は、人の話を誠実に聞き、自分自身を見つめ直して改善し、継続して努力することに長けている人物です。アントレプレナー精神を大切に、世界一平和で豊かな国を創ってくれることに期待しています。

山田隆裕 Yamada Takahiro　サッカー元日本代表

◆すぐに答えの出ないものにも地道に取り組める情熱。

人は気持ちの浮き沈みがあって当然です。何かに取り組むにも気持ちが乗るとき、なかなかやる気がおきないときがあってしかりですが、彼にはそれを感じません。常に全力、常にフル回転、常にBESTを尽くすこのパワーはどこから湧いてくるのかといつも驚かされます。何かを得るためやすぐに答えの出るものには、積極的に取り組めるものですが、すぐに答えの出ないものにも地道に取り組める情熱、意思の強さ、本当に見習うところばかりです。近い将来必ずやこの日本を良い方向に導いてくれるであろう彼の持つ可能性の一端をこの本で垣間見てはいかがでしょうか。

佐藤大吾 Sato Daigo　一般財団法人ジャパンギビング代表理事

◆「行動」の人。

本文中のエピソードにもある通り、「なんだかよくわからないが、おもしろそうだからやってみる」というのが、中谷くんのいいところ。これからもそのセンスとアンテナを信じて、関心を持った政策領域にはグイっと踏み込んでください。おもしろきこともなき世をおもしろくする活動、一緒にやりましょう！

若新雄純 Wakashin Yujun

（株）NewYouth代表取締役 慶應義塾大学大学院政策・メディア研究科特任講師

◆強く生々しい生き様。

政治家って、何者なんだろう？　一馬くんと交流を持つようになってから、よく考えるようになりました。

ニュースなどから世の中でイメージされている政治家像というのはほんの一部分で、一馬くんを通して僕が感じたものは、人生をかけた人間の生々しい生き様そのものでした。

ある政治家の評価は、社会の変化や流れによっても大きく変わるものだと思います。僕たちがちゃんと見るべきなのは、その人間性です。一馬くんは、複雑な現代の中で常に葛藤し、強く生々しく生きています。

謝辞

この本を手に取り、こうして最後まで読んでくださった皆様にまず以て御礼を申し上げたいと思います。読者の皆様にとって、この本からなにかしらの得るものがあったことを心から願っています。

最後になりましたが、これまで、僕は多くの方々にご指導とご協力を頂いてきました。お力添えを賜りました皆様にここで感謝の辞を述べさせて頂きたいと思います。

まず、今回僕に出版のチャンスをくださった幻冬舎の見城徹さん、福島広司さん、木田明理さん、A.ver の林尚弘さんには、貴重な機会を頂き、深く感謝を申し上げます。

いつも地元で支えてくださっている民進党神奈川7区総支部議員団の計屋珠江さん、川口珠江さん、大山正治さん、山口裕子さん、木原幹雄さん、そして新しく仲間に加わった望月高徳さん、酒井亮介さん、また未熟な僕を育ててくれた神奈川県議会の皆様と民進党神奈川県連所属議員の皆様には、本当に感謝をしています。ありがとうございます。

また、政治の右も左もわからなかった僕を育ててくれた菅直人さんと伸子さん、事務所の皆様にも足を向けて寝られないくらい感謝しています。

さらに、公認のときに多大なるご尽力を頂いた金子洋一さん、滝田孝徳さん、鈴木秀成さんのおかげで今の自分があります。本当にありがとうございます。

応援団の國光宏尚さん、橘民義さん、飯田和人さん、木暮康雄さん、鎌田素之さん、羽田野慶太さん、古川正隆さん、沼倉萬里枝さん、海老根智仁さん、三川剛さん、冨永重寛さん、高橋飛翔さん、武藤康生さん、藤井隆嗣さん、若新雄純さん、高崎航さん、森田学さん、江川智之さん、山本幸央さん、福田航太さん、井澤秀昭さん、栗原大介さん、澤田潤之介さん、川田寛明さん、吉田昌勇さん、大野拓夫さん、島田浩幸さん、中村広人さん、杉山通さん、富吉聰一朗さん、光井勇人さん、佐藤啓治さん、篠沢秀夫さん、小林眞理子さん、開沼貞芳さん、荒田信幸さん、城所實さん、望月耕二さん、小川大武さん、鵜山康宏さん、片柴利哉さん、吉川裕貴さん、保手濱彰人さん、佐々木ともさん、大田真也さん、瀧内佑介さん、戸畑智秋さん、岩井隆浩さん、蕨圭介さん・直子さん夫妻、田家幸夫さん・順子さん夫妻。そして、地域でいつも大変お世話になっている、紙崎富雄さん、若林京子さん、紺野俊弘さん、斉藤正三さん、熊倉幸郎さん、加藤みゆきさん、横溝宏さん・あけみさん夫妻、松田愛子さん・有未さん親子。常日頃から応援してくださっている支援団体の皆様。特に、柏木教一さん、林克己さん、中田節樹さん、二階堂健男さん、高橋卓也さん、柳井健一さん、小田泰司さん、岩沢弘秋さん、大島重利さん、小鹿崇孝さん、京念英幸さんと働く仲間の皆様。本多清二さん、田中威勢夫さん、櫻井弘さん、村上敬隆さん、沖田圭一さんには、この場を借りて心より感謝の気持ちをお伝えします。

応援メッセージを頂いた、蓮舫さん、細野豪志さん、江田憲司さん、馬淵澄夫さん、真山勇一さん、今井秀智さん、佐藤大吾さん、山田隆裕さん、その他にも陰日向になってご助力くださっている齋藤健夫さん、栄居学さん、仁戸田元氣さん、部谷翔太さん、佐藤喬さんのご厚情がありがたく、本当に心強い限りです。また選挙時に事務方の中心メンバーとして支えてくれた津坂光継さん、加藤義直さん、伊藤和美さん、八島義忠さん、船越恭平さん、森田康浩さん、山中亜紗子さん、松浦幹子さんをはじめとした多くの皆様方のおかげで戦い抜くことができました。本当にありがとうございます。

そして公私共にありとあらゆる面で支えてくれている、奈良甲介さん、鈴木敬行さん、藤居芳明さん、中西一さん、深田友美さん、村井宗明さん、浅沼美枝子さん、皆様がいなかったら今日の僕は決してありませんでした。本当に感謝しています。

事務所をサポートしてくれている福田淳太くん、松村瞳さん、大角佳代さん、武田美穂さん、菅原暉人さん、児島玄子さん・啄くん、村上清一さん・久枝さん夫妻。Youth Team の竹田和広くん、石川綾佳さん、真弓明久くん、友利優くん、末次美幸さん。ボランティアで手伝ってくださる市民の皆様、特に永野博子さん、阪井依子さん、河合ゆかさん、山木清治さん、馬場紀彦さん。歴代スタッフの塚越太郎くん、佐藤祥三くん、西谷晃平くん、大田智也くん、伊藤実希さん、渡邊義輝くん、西田詞音さん、吉田渓子さんにも感謝の言葉しかありません。

また、僕に想いをかけて日々献身的に尽くしてくれている首藤天信さんには、心から感謝を致しております。

そして、いつも僕の夢に朝から晩まで付き合ってくれている風間良さんには、感謝してもしきれないほど恩を感じています。

最後に、いつも迷惑ばかりかけている家族・親族のみんな。特に自分を産み育ててくれた母・美喜と心底可愛がってくれた祖母・信子に最大限の愛情と感謝を伝えます。

中谷一馬

なかたにかずま／Kazuma Nakatani

1983年8月30日生。貧しい母子家庭で育つ。厳しい経済環境で育ったことから、経済的な自立に焦り、日吉中学卒業後、高校には進学せず、社会に出る。

だがうまく行かず、同じような想いを持った仲間たちとグループを形成し、代表格となる。

しかし「何か違う」と思い直し、働きながら横浜平沼高校に復学。卒業後、呉竹鍼灸柔整専門学校を経て、慶應義塾大学に進学。

その傍ら、飲食店経営や東証一部に上場したIT企業の創業に役員として参画する中で、人の役に立つ人生を歩みたいと政界進出を決意。

元総理大臣の秘書を務めた後に、27歳で神奈川県議会における県政史上最年少議員として当選。

県議会議員時代には、World Economic Forum（通称:ダボス会議）のGlobal Shapers 2011に地方議員として史上初選出され、33歳以下の日本代表メンバーとして活動。

また第7回マニフェスト大賞にて、その年に一番優れた政策を提言した議員に贈られる最優秀政策提言賞を受賞。

さらには、日米青年政治指導者交流プログラム日本代表メンバーとして訪米。

現在は、民進党神奈川県第7区総支部長として多方面で活動中。

だから政治家になった。
矛盾だらけの世の中で正論を叫ぶ

2017年1月25日　第1刷発行

著　者　中谷一馬
発行人　見城 徹
編集人　福島広司

GENTOSHA

発行所　株式会社 幻冬舎
〒151-0051　東京都渋谷区千駄ヶ谷4-9-7

電話　03(5411)6211(編集)
03(5411)6222(営業)
振替　00120-8-767643
印刷・製本所　中央精版印刷株式会社

検印廃止

Printed in Japan
ISBN978-4-344-03059-6　C0095
幻冬舎ホームページアドレス　http://www.gentosha.co.jp/

この本に関するご意見・ご感想をメールでお寄せいただく場合は、
comment@gentosha.co.jpまで。